Лекции по
Первому посланию
к Коринфянам I

Лекции по Первому посланию к Коринфянам I

Д-р Джей Рок Ли

Лекции по Первому посланию к Коринфянам I, Автор – д-р Джей Рок Ли
Опубликовано издательством «Урим Букс».
(Представитель: Kyungtae Noh)
73, Yeouidaebang-ro 22-gil, Dongjak-gu, Сеул, Корея
www.urimbook.com

Все права защищены. Книга, частично или полностью, не может быть воспроизведена ни в какой форме, сохранена в поисковой системе или передана каким-либо иным способом – электронным, механическим, фотокопированием и др. – без предварительного письменного разрешения издателя.

Все использованные в этой книге цитаты из Священного Писания, если это не оговорено иначе, взяты из текста Библии в Синодальном переводе. Авторские права защищены © 1960, 1962, 1963, 1968, 1971, 1972, 1973, 1975, 1977, 1995 фондом Лакмана. Использовано с разрешения.

Авторские права перевода © 2016 принадлежат д-ру Эстер К. Чанг. Использовано с разрешения.
ISBN: 979-11-263-0090-7 04230
ISBN: 979-11-263-0089-1 (set)

Впервые опубликовано в апрель 2016 г.

Ранее опубликовано на корейском языке издательством «Урим Букс» в 2008 г.

Редактор – д-р Гымсан Вин
Дизайн редакторского бюро издательства «Urim Books»
Отпечатано компанией «Prione Printing»
Контактный адрес для получения большей информации: urimbook@hotmail.com

Предисловие

Духовное и физическое руководство для верующих

Люди, живущие в современном мире, иногда чувствуют себя в замешательстве, они конфликтуют сами с собой, потому что растеряли свои ценности. И это относится не только к неверующим. Бывает, что и верующие сталкиваются с разного рода проблемами. Проблемными сторонами их жизни могут стать ссоры, споры, судебные тяжбы, браки, разводы.

Враг, дьявол и сатана, постоянно искушает верующих, чтобы вынудить их отойти от Слова Божьего. Поэтому люди, которые пытаются следовать Слову Божьему, могут начать сомневаться как в Слове, так и в возможности с его помощью решить свои проблемы.

Нечто подобное произошло и с церковью города

Коринфа. Во времена апостола Павла Коринф был деловым многонаселенным городом, в котором проживали представители разных культур и этнических групп. Здесь жили люди различного социального происхождения, которые поклонялись всевозможным богам. Моральное разложение жителей города было в то время одной из главных проблем.

Живя в таких условиях, члены церкви города Коринфа не смогли избежать трудностей и конфликтов. А поскольку церковь зародилась недавно, то ее общине было непросто жить так, как свойственно жить верующим. Чтобы помочь им стать более зрелыми христианами, апостол Павел показал им библейский путь получения ответов на вопросы и решения всех проблем.

Пути решения проблем, а они, к слову, могут иметь место и в нашей повседневной жизни, изложены в первом письме Павла к церкви в Коринфе, которое известно под названием Первого послания к Коринфянам. Мы живем в непростом обществе, поэтому для нас очень важно тщательно изучить и понять смысл этого послания.

Книга «Лекции по Первому посланию к Коринфянам» объясняет, как практически распознать причины проблем, связанных с возникновением раздоров, обращением в веру, браками, идолопоклонством и получением духовных даров. Вы сможете жить более полноценной христианской жизнью, если вам удастся найти верный путь к осознанию своих проблем сквозь призму Слова Божьего.

Я благодарен Джеум Сан Вин – директору издательского бюро «Урим Букс» и всем сотрудникам этого бюро, я молюсь о том, чтобы все читатели этой книги до конца поняли волю Божью и, исполняя ее, получили щедрые благословения от Бога.

Д-р Джей Рок Ли

Содержание

Предисловие

Обзор Первого послания к Коринфянам

Глава 1

Павел стал апостолом по провидению Божьему · 1

1. Апостол и служитель Божий
2. Спасение, данное Богом Троицей
3. Чтобы все говорили одно
4. Христос есть Мудрость и Сила Божья
5. Хвались Господом

Глава 2

Божья мудрость · 53

1. Проявление Силы через Дух
2. Крестный путь, мудрость Божья
3. Божья благодать, познанная через Святого Духа
4. Соображая духовное с духовным

Глава 3

Вы – храм Божий · 89

1. Церковь Коринфа была плотской
2. Бог взрастил их
3. Мудрый строитель
4. Работа каждого
5. Разрушение Божьего храма
6. Мирская мудрость – это безумие

Глава 4

Подражайте мне · 133

1. Требования к служителям и домостроителям
2. В чем оправдание человека?
3. «Не мудрствовать сверх того, что написано»
4. Подражайте мне
5. Сила и возможности, данные Царством Божьим

Содержание

Глава 5

Предостережения от супружеской измены · 175

1. Как бороться с блудодеянием
2. Избавьтесь от старой закваски
3. Не сообщайтесь с блудниками

Глава 6

Тяжбы между верующими · 209

1. Проблемы между членами церкви
2. Святые будут судить мир
3. К их стыду
4. Смертные грехи
5. Ради чего мы должны жить?
6. Духовный смысл слова «блудница»

Глава 7

Брак · 241

1. Желательная семейная жизнь
2. Духовный смысл слова «уклоняться»
3. «Желаю, чтобы все люди были, как и я»
4. Развод
5. В соответствии с мерой веры
6. Различия между внешними поступками и соблюдением заповедей
7. Хорошо человеку оставаться так
8. Положение родителей дев, вдов и вдовцов

Обзор Первого послания к Коринфянам

1. Об авторе Первого послания к Коринфянам

Автором Первого послания к Коринфянам является апостол Павел. До того как он уверовал в Иисуса Христа, его звали Савлом. Он родился в Тарсе – главном городе Киликии и учился у Гамалиила – учителя Закона, которого все почитали.

Один из самых лучших учителей того времени вложил в Савла превосходные знания философии, научил его преданно любить Бога и строго следовать Закону. Можно сказать, что Савл был образцовым иудеем. Он принадлежал к высшему классу, имел Римское подданство и являлся гражданином всей Римской империи.

До личной встречи с Господом Иисусом Савл преследовал всех верующих в Него. Поскольку он был убеждён, что верующие в Иисуса представляли угрозу для религии евреев, он участвовал в гонениях и арестах христиан.

Савл встретил Господа Иисуса Христа на пути в Дамаск. При нем был официальный документ, выданный первосвященником, который предписывал арестовывать всех, кто верует в Иисуса и следует за Ним. Но Бог знал, что Савл любит Его, и поэтому Он выбрал и призвал его стать апостолом. Савл изначально был избранником Божьим, потому что Бог знал: как только Савл встретится с Господом Иисусом, он покается и будет предан Иисусу.

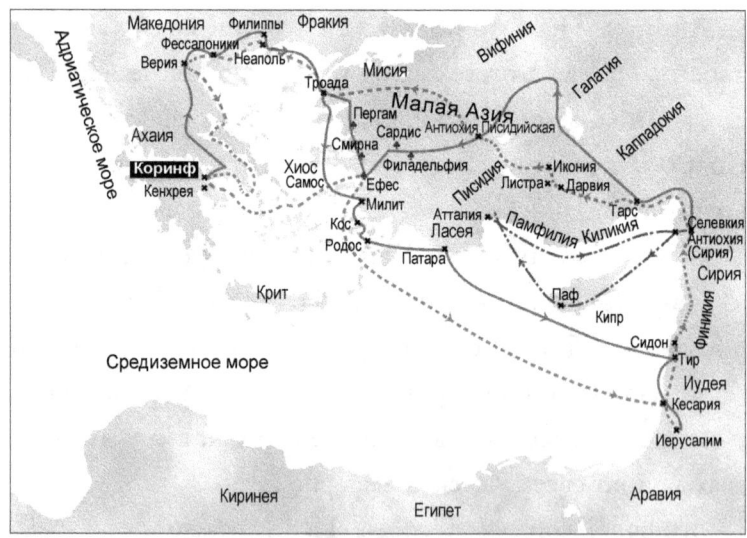

Миссионерские путешествия апостола Павла
(Первое ——·· , второе --- , третье ——)

После того как Савл стал именоваться Павлом, он преданно, с готовностью пожертвовать своей жизнью, служил Господу в качестве апостола язычников. Благодаря своим трем миссионерским путешествиям, он заложил основу для распространения Евангелия до края земли и открыл множество церквей в Малой Азии и Греции.

Со времени встречи с Господом, апостол Павел посвятил Ему всю свою жизнь и до конца выполнил свои обязанности служителя и апостола Божьего.

2. Коринф

Коринф был большим портовым городом, расположенным на юге Греции. Во времена Павла Коринф находился под контролем Римской империи. Город с трех сторон – с востока, запада и юга – омывался морями. Северным соседом Коринфа была Азия, а на западе он соседствовал с Римом. Таким образом, географическое положение города позволяло ему быть торговым мостом между Азией и Римом.

Деловой, преуспевающий торговый город был полон заезжих должностных лиц, солдат, предпринимателей, моряков, которые устремлялись сюда с разных концов Римской империи. Здесь же довольно часто проводились разные спортивные мероприятия. Многих Коринф привлекал своей архитектурой и искусством. Наплыв приезжих, вполне естественно, привел к развитию в городе индустрии плотских удовольствий, что стало причиной религиозной и моральной деградации людей.

Храм Афродиты был одним из 30-ти храмов, действовавших в то время в Коринфе. Прежде чем начать торговлю, продавцы совершали определенные ритуалы. В городе царила такая распущенность, что более тысячи проституток постоянно находились возле храма Афродиты.

3. Отношения между церковью в Коринфе и апостолом Павлом

Приблизительно в 50-м году н.э., в ходе своего второго путешествия, апостол Павел вместе с Силой и Тимофеем распространял Благую Весть в Коринфе, и там же он основал церковь. Павел жил в доме Акилы и Прискиллы; он работал вместе с ними, делая палатки, и параллельно с этим проповедовал Евангелие.

Начинал проповедовать он в синагогах, но, встретив сопротивление Иудеев, переместился в дом Тита Иуста и, оставаясь там год и шесть месяцев, заложил основание будущей церкви. Большинство верующих являлись язычниками, хотя среди них были и Иудеи.

4. Когда, где и почему написано послание

1-е послание к Коринфянам, или письмо, написанное апостолом Павлом из Ефеса во время его третьего путешествия, ориентировочно датировано 55-м годом н.э.

Верующие церкви в Коринфе старались жить благочестиво, но развращенность нравов, царившая вокруг них, порождала множество проблем.

Между богатыми и малоимущими верующими стали возникать конфликты, члены церкви вовлекались в судебные тяжбы. Они сталкивались с семейными трудностями, проблемами сохранения целомудрия и употреблением в пищу идоложертвенного. В адресованном им письме были даны ответы на вопросы, связанные со всеми этими проблемами.

5. Отличительные особенности 1-го послания к Коринфянам

Библейские послания к Римлянам и к Галатам больше имеют отношение к основам вероучения. Тогда как Первое послание к Коринфянам является практическим пособием, отвечающим на вопросы, которые могут возникнуть как у каждого верующего лично, так и у всей церкви в целом.

Оно дает четкие разъяснения по проблемам раздоров в церкви, неправильного использования духовных даров, несчастливых браков, а также говорит о Святом причастии, употреблении в пищу идоложертвенного, рассказывает о воскрешении. Следовательно, если мы до конца поймем все, о чем говорится в Первом послании к Коринфянам, то это поможет нам в христианской жизни, поскольку мы можем получать благословения, имея ясное представление о воле Божьей.

Глава 1

Павел стал апостолом по провидению Божьему

— Апостол и служитель Божий

— Спасение, данное Богом Троицей

— Чтобы все говорили одно

— Христос есть Мудрость и Сила Божья

— Хвались Господом

Апостол и служитель Божий

«Павел, волею Божиею призванный Апостол Иисуса Христа, и Сосфен брат...» (1:1).

До встречи с Иисусом Христом апостола Павла звали Савлом. Он арестовывал учеников Господа и сажал их в тюрьмы. Савл был сторонником педантичного соблюдения Закона, и для него признание Иисуса Мессией было равносильно богохульству.

То же самое свойственно и нынешним ярым приверженцам Закона. Они трактуют Библию слишком буквально. Они судят и осуждают тех, через кого мощно работает Святой Дух, являя чудеса и знамения, подобные тем, что происходили в Ранних церквях. Они называют эти деяния мистикой.

Богу ведомо все. Он знал, что, как только Савл встретит Иисуса, он покается и станет верным служителем

Иисуса Христа. Вот почему Савл изначально был призван стать апостолом язычников. С того времени как Савл, направляясь в Дамаск, встретил Господа, он стал преданным рабом Божьим, он отдал Господу всю свою жизнь.

Раб – это тот, кто связан неразрывными узами со своим господином и во всем подчиняется его воле. Господином церкви является Бог, и Его воле должны подчиняться служители, призванные распространять Благую Весть.

Пять разных типов служителей

В первом стихе своего послания Павел говорит о себе, что он «волею Божиею призванный Апостол Иисуса Христа». Стать апостолом по своему желанию невозможно, для этого мы должны быть призваны волей Божьей.

В наше время есть пасторы, которые служат Богу по Его воле, но это относится далеко не ко всем. Обобщая, мы можем разделить пасторов и служителей Божьих на пять разных типов.

К первому типу относятся те, кого призвал на служение Сам Бог; ко второму следует причислить тех, кто по благодати Божьей добровольно помогает церкви; к третьему – тех, кто стал пастором по настоянию других; к четвертому типу служителей следует отнести людей, для которых пасторство всего лишь работа; в пятую же категорию вошли пасторы, чье служение – дело рук сатаны.

Те, кому не следует становиться пастором

Если кто-либо станет пастором по настоянию родителей или друзей, то это может породить различные проблемы. К примеру, человек не может добиться успеха в коммерческой деятельности или в его жизни вообще все не ладится. Допустим, что он пришел в молитвенный центр и принял пророческую молитву пастора, который сказал: «Вы избраны Богом в качестве его служителя. Вот почему все ваши попытки развивать бизнес обречены на неудачу».

В ответ на это человек может задуматься: «Неужели такое возможно? Видимо, пастор прав, ведь я действительно не преуспел ни в чем. Скорее всего, Бог не дозволяет мне наладить прибыльный бизнес, потому что хочет, чтобы я был Его служителем!»

Есть люди, которые стали пасторами, потому что кто-то подтолкнул их к этому, а не потому что они любят Бога. Становиться пастором из страха или под давлением – это неверное решение. Из Библии мы узнаем, что Бог призывает и использует людей умных и способных. Он не выбирает тех, кто потерпел неудачу, живя в обществе, и оказался не способным сделать что-то для себя.

Есть также люди, которые относятся к пасторству, как к работе, думая, что, став пасторами, они смогут распоряжаться пожертвованиями по собственному усмотрению.

Более того, иногда враг, дьявол и сатана, по разным причинам заинтересовывает людей, подстрекая их стать пасторами. Используя таких служителей, сатана пытается помешать Царству Божьему.

Церковная иерархия

Многих людей удивляет церковная иерархия и заведенный в церкви порядок, и они задаются вопросом: «Если все члены церкви равны в очах Божьих, то к чему все эти должности – пасторы, диаконы, старейшины и тому подобное?» Но мы должны понимать, что даже в семье предусмотрена своя иерархия. По заведенному порядку, во главе семьи стоят отец, мать, затем идут братья и сестры по старшинству.

Что, если все члены семьи присвоят себе полномочия отца? Что, если все сотрудники компании будут вести себя так, будто бы именно они являются главой компании? Какого результата в этих случаях следует ожидать? Для того чтобы любая организация сохранилась и могла функционировать, необходимо разделение властных полномочий, должно быть руководство, которому подчиняются все члены этой организации.

В 1-м послании к Коринфянам, 12:28, говорится: *«И иных Бог поставил в Церкви, во-первых, Апостолами, во-вторых, пророками, в-третьих, учителями; далее, [иным дал] силы [чудодейственные], также дары исцелений, вспоможения, управления, разные языки».* Согласно данной иерархии, те, кто имеют дар исцеления, идут после апостолов, пророков, учителей и чудотворцев.

Однако сегодня некоторые люди пренебрегают данным порядком, и в результате это выливается в проблемы. Примером тому может служить человек, который, получив дар исцеления, вместо того чтобы использовать его во славу Божью, возгордился, стал смотреть свысока на пасторов и даже позволил себе судить некоторых из них. Есть люди, которые говорят, что имеют пророческий дар, и начинают делить людей, создавать группировки. В церкви такого происходить не должно.

Кто может называться апостолом?

Апостолом называют того, кто, отрекаясь от собственной воли, во всем покоряется воле своего господина или учителя. Иными словами, точно так же, как Господь полностью следовал воле Божьей, и апостол должен неукоснительно следовать за Господом. Таким образом, пасторов много, но не многие из них – апостолы.

Как нам следовать воле Божьей и всецело исполнять ее? Прежде всего мы должны иметь сердце Господа и стать освященными. Мы сможем делать то же, что делал Иисус, когда через освящение сердца мы получим дар исцелять, продемонстрируем дар творить чудеса и будем использовать дар наставничества. Тогда мы будем способны исцелять больных, разрывать цепи несправедливости и менять души людей с помощью Слова Божьего, побуждая их жить по воле Божьей.

Мы можем заметить, что слово «апостол» появилось только после пришествия Иисуса. Кем же, в таком случае, был Моисей, живший во времена Ветхого Завета? Кто-то может заинтересоваться, кого считать более значимым – Моисея или Павла, Сосфена или Тимофея? Были ли названные апостолы важнее Моисея?

Если бы Моисей родился в эпоху Нового Завета, он тоже был бы назван апостолом. В Новом Завете у Господа были ученики, и Он был их Учителем. Следовательно, все те, для кого Господь был Учителем и кто исполнял Его волю, являлись апостолами. Но в Ветхозаветное время у Моисея не было наставника, его учил Сам Бог.

Образно говоря, у короля не может быть учеников. Во времена Ветхого Завета люди получали Божьи откровения напрямую, поэтому в апостолах не было необходимости. Но в Новозаветные времена у Господа были ученики, и они звались «апостолами».

В Евангелии от Иоанна, 14:12, говорится: *«Истинно, истинно говорю вам: верующий в Меня, дела, которые творю Я, и он сотворит, и больше сих сотворит, потому что Я к Отцу Моему иду».*

Следовательно, истинные апостолы горячо молятся, получают Божью силу и совершают дела, подобные тем, что совершал Иисус. Они меняют людей, стимулируя их жить в истине и пребывать в Слове Божьем. Те, кто живет так и полностью исполняет волю Божью, могут называться апостолами.

Спасение, данное Богом Троицей

«Церкви Божией, находящейся в Коринфе, освященным во Христе Иисусе, призванным святым, со всеми призывающими имя Господа нашего Иисуса Христа, во всяком месте, у них и у нас: благодать вам и мир от Бога Отца нашего и Господа Иисуса Христа» (1:2-3).

Во втором стихе мы читаем: «...освященным во Христе Иисусе». Эти слова относятся к тем, кто отрекся от всего, что враждебно истине, и кто облачился в одежды истины и живет по истине. Святыми являются те, кто освящен в истине и живет по Слову Божьему.

Те же, кто не живет по Слову Божьему, продолжают совершать греховные поступки. Святыми их не назовешь, потому что они критикуют, ревнуют, ненавидят братьев своих, не хранят День Господень, хотя и являются прихожанами церкви. Они являются соломой, недостойной, в очах Божьих, спасения.

Господь придет забрать истинную пшеницу, но не солому. Поэтому мы должны стать пшеницей, живя по Слову Божьему, должны постоянно прилагать усилия для достижения полного спасения.

В третьем стихе апостол Павел благословляет тех, кто ходит в церковь и стремится стать святым чадом Божьим. Он благословляет их благодатью и миром. Они могут и не отвечать критериям святости, но, посещая церковь и участвуя в богослужениях, они обретают веру. Поэтому он благословляет всех людей благодатью и миром.

В этом случае благодатью является получаемое через Иисуса Христа спасение, которое Бог подарил нам просто так, не требуя ничего взамен. Бог дает нам жизнь и спасает тех из нас, кто верует в Господа, в то, что Он умер на кресте за нас и воскрес. Это и есть Его благодать.

Если мы познаем правду о том, Кто есть Бог, поймем, в чем заключена Его воля и как мы можем получить благословения, исполняя Слово истины, то мы будем жить в мире.

«Непрестанно благодарю Бога моего за вас, ради благодати Божией, дарованной вам во Христе Иисусе, потому что в Нем вы обогатились всем, всяким словом и всяким познанием, – ибо свидетельство Христово утвердилось в вас, – так что вы не имеете недостатка ни в каком даровании, ожидая явления Господа нашего Иисуса Христа» (1:4-7).

Апостол Павел постоянно признается в том, что он благодарен Богу. Мы, получившие спасение по благодати Иисуса Христа, должны сделать аналогичное признание.

Некоторые люди замечают, что верующие могут красиво говорить, и это правда. Если мы вооружимся истиной, то станем хорошими ораторами. Однако это вовсе не является нашей личной заслугой, а происходит лишь потому, что в нашем сердце пребывает Святой Дух, дающий нам способность произносить искусные речи. Поэтому даже замкнутый в себе человек сможет красноречиво свидетельствовать об Иисусе Христе, когда изучит Слово Божье.

В стихе шестом мы читаем: «Ибо свидетельство Христово утвердилось в вас». Каким же свидетельством, утвержденным в нас, обладал Иисус Христос? Иисус пришел на эту землю как Сын Божий и, умерев на кресте, заплатил за все наши грехи. Он исполнил волю Божью и воскрес. Позже Он вознесся на Небеса, но прежде чем вознестись, Он пообещал, что вернется. Когда мы слушаем Слово истины, которое говорят нам пасторы и наши братья по вере, наша вера растет и укрепляется.

Иисус исполнил Закон с любовью. Мы также сможем пребывать в Слове истины, если всецело любим Бога. Кто исполняет Слово Божье, тот будет нетерпеливо ждать Второго Пришествия нашего Жениха Иисуса Христа, о чем говорится в Откровении (22:20).

Библия сравнивает Господа с Женихом, а верующих с Его невестами. Таким образом, слово «невеста» относится не только к женщинам, но и к мужчинам тоже. В ком есть дар любви, а он есть у тех, кто пребывает в истине, те тоскуют и ждут Господа, готовясь к встрече с Ним, как невеста готовится к встрече с женихом.

Соответственно, стих седьмой говорит нам: *«Так что вы не имеете недостатка ни в каком даровании, ожидая явления Господа нашего Иисуса Христа»*. Здесь под словом «дарование» подразумевается дар любви, описанный в 13-й главе 1-го послания к Коринфянам. Это – дар любить Бога всем сердцем, разумением и всей душой своей.

> «...Который и утвердит вас до конца, [чтобы вам быть] неповинными в день Господа нашего Иисуса Христа. Верен Бог, Которым вы призваны в общение Сына Его Иисуса Христа, Господа нашего» (1:8-9).

В этом случае слово «Который» относится как к

Иисусу Христу, так и к Святому Духу. Мы не сможем воздержаться от жизни во грехе без помощи Святого Духа. Святой же Дух дается нам в дар, когда мы принимаем Иисуса Христа. Святой Дух помогает нам понять истину и делает нас способными жить по Слову.

В восьмом стихе говорится: «... Который и утвердит вас до конца, [чтобы вам быть] неповинными в день Господа нашего Иисуса Христа». День Господа нашего Иисуса Христа – это День Второго Пришествия Иисуса Христа, или Судный День. А слово «вам» имеет отношение не только к членам церкви в Коринфе, но и ко всем детям Божьим.

Мы получаем спасение именем Иисуса Христа. Если так, то можем ли мы обрести спасение только через Иисуса Христа, без Бога? Иисус Христос сошел на землю благодаря любви Божьей, и мы были спасены, потому что Иисус Христос заплатил за наши грехи.

Это не означает, что мы можем быть спасены только Богом и Иисусом Христом. Мы не можем получить спасение, если Святой Дух не пребывает в нас. Когда мы признаем себя грешниками и смиренно принимаем Иисуса Христа как своего Спасителя, наше сердце исполняется Святым Духом, водительство Которого помогает нам жить в истине. Он позволяет нам узнать о грехе, праведности и Суде, дает благодать и силу, чтобы нам быть твердыми в вере и получить спасение.

Следовательно, мы должны осознать, что спасаемся мы благодаря Богу Троице, а именно: Отцу и Сыну и Святому Духу. До наступления времени Суда, Иисус Христос и Святой Дух будут «утверждать нас до конца, чтобы нам быть неповинными».

В девятом стихе говорится: «Верен Бог, Которым вы призваны в общение Сына Его Иисуса Христа, Господа нашего». Сказано, что «вы призваны», потому что Бог призвал нас в церковь, чтобы мы уверовали в Иисуса Христа. Мы не приходим к Богу благодаря собственным стараниям. Никто не может предстать пред Богом, если он не был призван Им. Следовательно, нам не следует говорить, что мы по собственной инициативе пришли в церковь и получили спасение. Мы были призваны.

У Иисуса есть множество имен. В частности, «Сын Его», «Иисус», «Христос», «Господь наш». Это не значит, что Бог любит все усложнять. Дело в том, что у каждого из имен есть свое духовное значение.

Божественная тайна и Его план были сокрыты до назначенного Богом времени. Это был план нашего спасения, а тайной был Иисус Христос. Если об Иисусе сказано как о «Сыне Его», то под этим подразумевается, что Он является Единственным и Единородным Сыном Божьим. Его Сын пришел на эту землю как Иисус, что означает: *«...Он спасет людей Своих от грехов их»* (От Матфея, 1:21)

«Христос» – значит помазанник Божий, то есть тот, кто получает указания напрямую от Бога. Соответственно, имена «Его Сын», «Иисус Христос», «наш Господь» означают Единственного Единородного Сына Бога, Который являлся тайной, сокрытой до назначенного Богом времени, и Который родился на этой земле для того, чтобы спасти Своих людей от их собственных грехов и дать им спасение, то есть стать нашим Спасителем.

Мы часто подчеркиваем, что Бог – верный. Это означает, что на Бога можно надеяться, Ему можно верить. Мы говорим о том, что Бог верный и тогда, когда славим Его. С помощью слов мы воздаем хвалу Его всемогуществу. Говоря, что Бог верен, мы, по сути, имеем в виду то, что Бог прекрасен, чуден и милостив.

Чтобы все говорили одно

«Умоляю вас, братия, именем Господа нашего Иисуса Христа, чтобы все вы говорили одно и не было между вами разделений, но чтобы вы соединены были в одном духе и в одних мыслях. Ибо от [домашних] Хлоиных сделалось мне известным о вас, братия мои, что между вами есть споры. Я разумею то, что у вас говорят: „я Павлов"; „я Аполлосов"; „я Кифин"; „а я Христов"» (1:10:12).

Павел призывает всех детей Божьих к согласию. Но как же можно «говорить одно», если мнение и стандарты у всех разные? Слова «чтобы вы все говорили одно» означают, что мы можем быть едиными, когда по-настоящему понимаем Слово Божье и живем в истине.

Наличие ссор показывает, что у нас по-прежнему есть мысли о неправде и мы не являемся едиными в Боге.

Следовательно, эти слова, по сути, означают, что мы должны отречься от неправедных мыслей и обитать в истине.

Если мы пребываем в Слове Божьем, то наше сердце, желания и помыслы, вполне естественно, будут едиными. А едиными наше сердце, разум, душа, воля и мысли становятся тогда, когда мы повинуемся голосу Святого Духа, потому что правда – одна.

Возьмем, как пример, случай, когда человек обращается ко многим людям за духовным советом и рекомендациями. Разумеется, все его советчики не могут дать ему один и тот же совет, поскольку их не объединяет истина. Но если он обратится к пасторам, вооруженным Словом Божьим, способным ясно слышать голос Святого Духа, то все они, практически, скажут одно и то же.

Поскольку в Послании к Римлянам, 8:14, сказано, что *«все, водимые Духом Божиим, суть сыны Божии»*, то даваемые ими советы могут быть схожими, так как они ведомы Духом Святым.

Апостол Павел просил о том, чтобы «не было между вами разделений, но чтобы вы соединены были в одном духе и в одних мыслях». Мы должны вооружить себя Словом Божьим, потому что только Слово Божье является истиной и единственно правильным стандартом для всех суждений.

Не являетесь ли вы таким человеком, который всегда

настаивает на своей правоте, порождая разногласия и отчуждение между людьми? Бог называет подобные ситуации «сатанинским сборищем» и не прощает этого. В церкви никогда не должно возникать разногласий.

Павлу стало известно от «домашних Хлоиных» о спорах, которые велись в церкви в Коринфе. Члены церкви в Коринфе поступали по собственному разумению и не следовали истине. Это и стало причиной их разделения. Вот почему они стали говорить, что «я Павлов», «я Аполлосов», «я Кифин».

Разногласий немало и в нынешних церквях. На подобные отношения Святой Дух не вдохновляет, их инициирует только сатана. Если чьи-то мысли, враждебные Слову Божьему, приводят к разделению церкви, тогда она превращается в «сатанинское сборище».

Как-то я приехал в один город для участия в собрании пробуждения. В той местности было порядка сорока церквей. Я услышал, что внутри этих церквей возникли группировки. Из-за этого пасторы не задерживались на своем посту, не могли служить там долго. Мне было жаль слышать все это. Служители даже судились друг с другом, поскольку каждый старался стать лидером. Подобные ситуации – дело рук сатаны.

В Евангелии от Матфея, 16:21, Иисус сказал Своим

ученикам, что Он должен пойти в Иерусалим и много пострадать там от старейшин, первосвященников и книжников, быть убитым и в третий день воскреснуть.

Услышав это, Петр сказал, что такого с Ним не должно случиться. Он сказал это, потому что любил своего Учителя. Но Иисус ответил ему: «Отойди от Меня, сатана!» – потому что такова была воля Божья о Нем: принять крестные муки и исполнить провидение спасения.

Разумеется, Иисус не имел в виду, что сам Петр был сатаной. Он сказал так в ответ на плотские мысли Петра. Слова Петра исходили не от Святого Духа, а были навеяны сатаной.

Нам, любимым детям Божьим, не пристало клеветать на других, критиковать их и провоцировать возникновение разногласий. Мы должны иметь единое сердце и единую волю в Господе, страх Божий и любовь к Нему. Нам следует также любить своих ближних и молиться за них со слезами на глазах.

В двенадцатом стихе говорится: «Я разумею то, что у вас говорят: „я Павлов"; „я Аполлосов"; „я Кифин"; „а я Христов"».

Отчего в церкви могло возникнуть разделение? Ведь это не пасторы и не церковные старейшины заплатили за наш грех, умерев на кресте. Все принадлежат Иисусу Христу, так как это Иисус был распят, это Он заплатил за грехи всего человечества. Поэтому никогда не следует говорить о своей принадлежности к какому-либо пастору, старейшине или кому бы то ни было еще, кроме как к Господу Иисусу Христу.

Следовательно, мы не должны говорить: «Меня обидел тот-то верующий, поэтому я не хожу в церковь». Мы ходим в церковь, помышляя только об Иисусе Христе, поэтому не стоит позволять людям сбивать себя с пути. К тому же раздражение указывает на ограниченность мышления. Вспыльчивость не присуща людям с широким сердцем, потому что они могут принять и понять других. Тем, кому свойственно критиковать и судить других, проявлять несдержанность, порождать раздоры между людьми, следует со смирением оглянуться прежде всего на себя самого.

Сделав это, мы обретем решимость отступиться от всего, что враждебно Слову Божьему, мы будем уповать на Слово Его и повиноваться Ему. Тогда мы сможем пребывать в любви Божьей.

> «Разве разделился Христос? разве Павел распялся за вас? или во имя Павла вы крестились? Благодарю Бога, что я никого из вас не крестил, кроме Криспа и Гаия, дабы не сказал кто, что я крестил в мое имя» (1:13-15).

Павел сказал: «Разве разделился Христос?» Он был

очень огорчен разделением церкви в Коринфе, и он был очень благодарен Богу за то, что крестил лишь нескольких членов церкви в Коринфе, так как некоторые верующие неверно полагали, что они были спасены человеком, крестившим их.

Павел наставлял их в истине, но у них было ошибочное представление о том, что через Павла они получили спасение. Как неловко, должно быть, чувствовал себя Павел! Если бы он крестил большее количество верующих, то все они служили бы ему как Спасителю. Вот почему он благодарил Бога за то, что крестил только некоторых из них.

Пасторы или Божьи служители могут только привести людей к Богу, говоря им, что Иисус Христос является Спасителем. Сами они не могут дать спасения. Как сказано в 1-м послании к Коринфянам, 3:6, человек может лишь посадить и поливать, а взращивает только Бог.

Только Иисус Христос является Спасителем. Некоторые люди спрашивают меня: «Пастор, правильно ли это – следовать за вами, как за Иисусом?» На что я отвечаю: «Никто из членов моей церкви не должен думать обо мне как о Спасителе. Вы можете следовать за мной только как за рабом Божьим, через которого Бог являет Свои деяния». На самом деле, я очень смущаюсь, когда ко мне обращаются с подобными вопросами. Я могу представить себе, что чувствовал Павел, когда писал эти строки.

Сегодня можно встретить людей, которые провозглашают себя «спасителями» или «оливковыми деревьями», и есть люди, которые следуют за ними. Какая жалость!

Если я скажу: «Я Бог, поэтому следуйте за мной!» – то ни один из членов моей церкви не поверит мне, так как они достаточно хорошо вооружены Божьей истиной.

Любить служителя Божьего, которого любит Бог, значит любить церковь, а любить церковь – значит любить Бога. Поскольку мы любим Бога, мы любим Его рабов, которые направляют нас на путь, ведущий к спасению. Если мы скажем, что любим Бога, не любя при этом пастора, которого видим, то это будет обманом.

Родители хотят, чтобы их сыновья и дочери почитали их и стали, по возможности, самыми лучшими людьми. Если между детьми и родителями нет доверия, есть вероятность, что дети пойдут неверным путем. Если вы не доверяете пастору, как своему лидеру, то вам будет трудно посвятить себя церкви.

Тогда мы, не имея любви к Богу, вполне естественно, отдалимся от церкви. Если пастор церкви не пользуется уважением, то это вызывает особое сожаление.

«Крестил я также Стефанов дом; а крестил ли еще кого, не знаю» (1:16).

Павел сказал, что он крестил только Криспа и Гаия в Коринфах. Здесь же он говорит, что он крестил еще и Стефанов дом. Он крестил их по пути в Ахаию, куда шел проповедовать.

В 1-м послании к Коринфянам, 16:15-18, говорится: *«Прошу вас, братия: вы знаете семейство Стефаново, что оно есть начаток Ахаии и что они посвятили себя на служение святым; будьте и вы почтительны к таковым и ко всякому содействующему и трудящемуся. Я рад прибытию Стефана, Фортуната и Ахаика: они восполнили для меня отсутствие ваше, ибо они мой и ваш дух успокоили. Почитайте таковых».*

Стефан был человеком весьма верным, он посвятил себя «на служение святым», и сам апостол Павел крестил его. Павел призывает почитать таких людей и повиноваться не только тем, кто посвятил себя служению верующим, но и всем тем, кто содействует этой работе.

В этом мире люди подчиняются тому, кто выше их по должности, или тому, кто наделен большей властью. Христиане же не должны придавать значения социальному статусу, власти или богатству. Мы должны считать для себя особой честью повиноваться тем, кто верен Господу, не придавая значения тому, какое положение в обществе он занимает, есть ли у него властные полномочия или достаток, так как для Господа не это важно.

Нам следует думать о том, насколько мы послушны людям веры, которые посвятили свои жизни служению. Мы должны подумать: не позволяли ли мы себе в прошлом небрежного отношения к этим людям и не судили ли мы их. Апостол Павел призывает жителей Коринфа почитать людей, верных Господу, давая понять и другим, как они уважают и их, и то, что они делают.

В стихе шестнадцатом Павел говорит: «Крестил я также Стефанов дом; а крестил ли еще кого, не знаю». Он сказал так оттого, что его воспоминания несколько потускнели за давностью лет, прошедших со времен его миссионерской поездки.

Итак, действительно ли Павел крестил только трех человек? В Деяниях, 16:33, рассказывается о том, как апостол Павел крестил тюремного стража и всех его домашних, когда сам Павел и Сила были в темнице. Просто к тому времени этот случай стерся из памяти Павла.

«Ибо Христос послал меня не крестить, а благовествовать, не в премудрости слова, чтобы не упразднить креста Христова» (1:17).

Бог не ставит своих служителей за кафедру проповедника только для того, чтобы они сосредоточились на крещении. Богу нужно, чтобы они донесли до людей слово о кресте и Евангелие, чтобы люди могли получить спасение.

Способность владеть словом у всех людей разная. Есть люди, которые обладают обширными познаниями, прекрасно владеют ораторским мастерством и хорошо держатся на публике. И, как следствие, они могут проповедовать со знанием дела, делиться глубокими философскими размышлениями. Но апостол Павел не произносил умных речей, демонстрируя свое знание мира.

Некоторые говорят, что не способны распространять Благую Весть, потому что в их словах нет мудрости. Проповедник может и не быть прекрасным оратором, но Святой Дух будет работать над ним, когда он будет проповедовать Кто есть Бог, Кем является Иисус Христос, будет говорить о крестном пути, Воскресении и Втором пришествии Господа.

С годами люди обретают все больше и больше знаний, они становятся более образованными, но их моральный облик от этого не становится лучше. Они, скорее, становятся все более грешными. И мы не можем изменить их сердца и посеять в них семена веры умными мирскими речами.

Вот почему в семнадцатом стихе написано: «...*не в премудрости слова, чтобы не упразднить креста Христова*». Воля Божья не в том, чтобы проповедовать Евангелие, применяя красноречие и знания этого мира. Святой Дух не может действовать через таких проповедников.

Бог есть Дух, и Его Слово – это слово четвертого измерения, которое является духовным измерением. В 1-м послании к Коринфянам, 2:13, написано: *«Что и возвещаем не от человеческой мудрости изученными словами, но изученными от Духа Святого, соображая духовное с духовным»*. Мы не можем постичь Слово Божье без помощи Духа Святого.

В Исходе, 12:8-9, объясняется, как есть агнца. Там сказано: *«Пусть съедят мясо его в сию самую ночь, испеченное на огне; с пресным хлебом и с горькими [травами] пусть съедят его; не ешьте от него недопеченного или сваренного в воде, но ешьте испеченное на огне, голову с ногами и внутренностями»*.

Под агнцем, о котором говорится в Исходе, подразумевается Иисус Христос. В Евангелии от Иоанна, 1:29, сказано: *«Вот Агнец Божий, Который берет [на Себя] грех мира»*. Если мы не будем есть Плоти Сына Человеческого и пить Крови Его, мы не будем иметь жизни вечной (От Иоанна, 6:53). Следовательно, мы должны есть Плоть Сына Человеческого, что есть Тело Господа, Который является Агнцем.

А как мы можем есть Агнца? Сказано, что нам не следует есть его недопеченным или сваренным в воде: мы должны есть его испеченным на огне, вместе с головой, ногами и внутренностями. И это означает, что мы должны понимать каждое слово, написанное в шестидесяти шести книгах Библии по вдохновению Святого Духа. Слова же о том, чтобы есть Агнца недопеченным или сваренным в воде, символизируют буквальное восприятие Слова Божьего или смешение его с мирскими знаниями, например, с философией.

Следует понимать, что никакие умные речи не помогут изменить людей или посеять в них веру. Проповедовать Евангелие мы должны, только следуя вдохновению, полученному от Святого Духа.

Христос есть Мудрость и Сила Божья

«Ибо слово о кресте для погибающих юродство есть, а для нас, спасаемых, – сила Божия» (1:18).

Людям погибающим, то есть тем, кто не верует в Иисуса Христа, слово о кресте кажется нелепым.

Некоторые неверующие считают верующих глупыми. Есть люди, которые верят только в себя, заявляя: «Как мы можем уверовать в Бога, когда Он невидим?» А все потому, что слово о кресте для них – юродство. Но для верующих, получивших спасение, это сила Божья.

В Евангелии от Иоанна, 11:25-26, говорится: *«Иисус сказал ей: Я есмь воскресение и жизнь; верующий в Меня, если и умрет, оживет. И всякий, живущий и верующий в Меня, не умрет вовек. Веришь ли сему?»*

Как и сказано, дети Божьи, принявшие Иисуса Христа, никогда не умрут. Их физическое тело умрет и вновь станет прахом, но их дух спасется и будет жить вечно в Царстве Небесном. Вот почему Библия об умерших верующих говорит, как о спящих, а не как об умерших.

В Деяниях, 7:59-60, говорится: *«И побивали камнями Стефана, который молился и говорил: Господи Иисусе! приими дух мой. И, преклонив колени, воскликнул громким голосом: Господи! не вмени им греха сего. И, сказав сие, почил»*. Кто умер после того, как принял Господа, воскреснет так же, как воскрес Господь. Вот почему в Библии сказано, что он «почил». «Почить» – значит «успокоиться», «уснуть».

Никакие людские познания не помогут понять или хотя бы вообразить, как можно восстать из мертвых и воскреснуть для жизни вечной. Это возможно только силой Божьей.

Что же такое сила Божья?

В Евангелии от Иоанна, 8:44, говорится: *«Ваш отец – диавол; и вы хотите исполнять похоти отца вашего»*. Имеется в виду, не то, что наши биологические отцы являются дьяволами, а то, что те, кто не принадлежат Богу, принадлежат дьяволу – управителю мира.

В прошлом, до того как Иисус Христос принял крестные муки вместо грешников, мы принадлежали дьяволу. Но через крестный путь Бог стал нашим Отцом. Это – сила Божья.

В 1-м послании Иоанна, 3:10, говорится: *«Дети Божии и дети диавола узнаются так: всякий, не делающий правды, не есть от Бога, равно и не любящий брата своего».*

Здесь подчеркивается, что люди, не любящие брата своего, не принадлежат Богу. А раз они не с Богом, то, значит, они с дьяволом. Одно время мы все принадлежали дьяволу. Никто из нас по-настоящему не мог возлюбить брата своего и жить в праведности. Мы стали любить своих братьев, жить в праведности только после того, как познали крестный путь, приняли Иисуса Христа и начали жить по Слову Божьему.

Это тот путь, на котором люди, прежде принадлежавшие дьяволу, стали принадлежать Богу. И в этом – сила Божья. Прежде у нас не было другого выбора, кроме как жить в грехе, но с того момента, как мы приняли Иисуса Христа, Святой Дух сошел на нас и сделал возможным наше очищение от всех форм неправедности, помогая нам стать праведными в Боге. Это – сила Божья.

Когда мы были с мирскими, не верующими в Бога, нам было непросто отказаться, к примеру, от сигарет или выпивки. Собственными усилиями мы могли продержаться не более трех дней. Я тоже пытался бросить курить. Я выкидывал все сигареты, какие у меня только были, но, пару дней спустя, я подбирал их и опять начинал курить.

И только после того как я принял Бога, мне стало просто

отказаться от курения и алкоголя. Я смог избавиться от обеих привычек сразу же, потому что через молитвы я исполнился Святым Духом. Силе Божьей подвластно менять людей, делая их способными отрекаться от неправды и, с помощью Духа Святого, жить в праведности.

«Ибо написано: „погублю мудрость мудрецов, и разум разумных отвергну"» (1:19).

В этом мире встречаются люди, которые уверены в своей мудрости и интеллектуальной развитости. Они утверждают, что они впереди всех, скажем, в системе образования, в медицине, науке, технологиях или в сфере культуры. Однако Бог и верующие думают об этом иначе.

В Книге Екклесиаста, 1:2, говорится: *«Суета сует, сказал Екклесиаст, суета сует, – всё суета!»* Знания, слава, влиятельное положение в обществе, богатство – все погибнет и исчезнет. Все люди обречены на смерть. Мы не можем получить спасения и войти в Небесное Царство благодаря своему богатству, мудрости или интеллекту. Глава государства может обладать и наслаждаться многими вещами, но в конечном итоге, если у него не было веры, он окажется в аду. Что пользы в его достатке, мудрости и умственных способностях?

Поэтому Бог говорит, что Он погубит мудрость мудрецов и отвергнет разум разумных. В том, что в итоге превратится в тлен, нет ценности. В глазах Бога все это, на самом деле, выглядит безумием.

Однако слава, власть в обществе и достаток, обретенные в Иисусе Христе, никогда не потеряют ценности. Мы можем прославить Бога, используя эти достижения для Царства Божьего и славы Его. Это станет нашей наградой на Небесах, а значит, и благословением.

Те, в ком нет веры, не знают о Боге Творце, сотворившем их. Считая своей главной ценностью знания, богатство и мудрость, они стоят на пути, ведущем к погибели. Поэтому в очах Бога они выглядят безумными.

В Книге пророка Исаии, 29:14, говорится: *«То вот, Я еще необычайно поступлю с этим народом, чудно и дивно, так что мудрость мудрецов его погибнет, и разума у разумных его не станет».*

Эти пророческие слова исполнились через Иисуса Христа. В Евангелии от Матфея, 11:25-26, написано: *«В то время, продолжая речь, Иисус сказал: славлю Тебя, Отче, Господи неба и земли, что Ты утаил сие от мудрых и разумных и открыл то младенцам; ей, Отче! ибо таково было Твое благоволение».*

Тот, кто считает себя мудрым, не может принять Иисуса Христа и получить спасение, а люди смиренные, словно дети, скорее поверят в Иисуса Христа и будут спасены. Следовательно, истина в том, что те, кто считают себя мудрыми, на самом деле являются безумными, и их разум полностью затуманен.

Люди, считавшие себя мудрыми, не приняли Иисуса Христа. Они были безумны, так как мудрость и знания заслонили их способность распознавать истину. Вот почему книжники и учителя Закона, которые думали, что прекрасно знают Слово Божье, распяли Мессию. Они встали на путь погибели, что само по себе означает, что у них не было ни мудрости, ни правильных понятий.

Должны ли мы, в таком случае, избавиться от мудрости и всех знаний? Я не сказал, что человеческие знания и мудрость никчемны. Однако мы должны применять их для славы Божьей. Все, что делается под солнцем, исчезнет, поэтому нам в первую очередь нужна мудрость в познании Бога.

«Где мудрец? где книжник? где совопросник века сего? Не обратил ли Бог мудрость мира сего в безумие?» (1:20)

Страх Божий является началом мудрости (Притчи, 1:7, 9:10). Бог решает, является ли человек мудрым или нет, в зависимости от того, есть в нем страх Божий или нет.

Мы можем обрести истинную жизнь, мудрость и знания, данные нам Богом Свыше. Бог делает особый акцент на этом. Если знания этого мира ведут вас к погибели, то стремиться обладать этими знаниями просто глупо! Слово истины наряду с благоговейным страхом Божьим являются единственными критериями правоты всех суждений. Безумны те, кто ни во что не ставят Его мудрость и наставления и не принимают Слово Божье.

Подлинными знатоками являются те, кто понимают Слово истины и превращают его в свой духовный хлеб. Даже в самой прекрасной речи не будет смысла, если в ней нет жизни. Мы можем участвовать в дискуссиях только тогда, когда мы вооружены Словом Божьим и говорим, опираясь на него. Бог задает вопрос людям, избравшим путь погибели: «Где мудрец? где книжник? где совопросник века сего?» К тому же мир, хвалящийся своей мудростью, не может быть спасен, не может ощутить силу Божью. Оттого и звучит вопрос: «Не обратил ли Бог мудрость мира сего в безумие?»

> «Ибо когда мир [своею] мудростью не познал Бога в премудрости Божией, то благоугодно было Богу юродством проповеди спасти верующих» (1:21).

Люди думают, что имеют мудрость, но только собственной мудростью они не могут познать Бога. Вот почему Бог дает возможность познать Его через проповедь и получить спасение.

Божья мудрость неисчерпаема, однако знания и мудрость этого мира не дают нам уверовать в силу Бога, и потому они в очах Божьих являются безумием. Человеческие знания и мудрость не помогают нам в познании Бога Творца, поэтому Богу было угодно юродством проповеди спасти верующих.

В Евангелии от Иоанна, 20:29, говорится: *«Иисус говорит ему: ты поверил, потому что увидел Меня; блаженны невидевшие и уверовавшие»*. Обычно люди начинают верить в Бога через проповедуемое Слово Божье. «Вера же есть осуществление ожидаемого и уверенность в невидимом». Верой может быть создано все из ничего.

Бог рад спасти человечество через веру – так Он может обрести истинных детей, которые любят Его от всего сердца.

Люди, высокомерные и упрямые, утверждают, что обладают мудростью. Однако Бог ищет людей с чистым сердцем, которые по-детски доверчиво принимают Благую Весть. Поэтому, Богу благоугодно юродством проповеди спасти тех, кто верует.

«Ибо и Иудеи требуют чудес, и Еллины ищут мудрости» (1:22).

Здесь у слова «Иудеи» есть два значения.

Во-первых, оно применимо к лицемерам, бывшим среди Израильтян, которые говорили, что знают Бога, но, тем не менее, требовали чудес и знамений.

Во времена Иисуса Иудеи не признали своего Спасителя, хотя видели Его собственными глазами, потому что ждали знамений. Они желали, чтобы Мессия появился, окруженный славой и величием. Они ждали, что Мессия освободит их от гнета Римской империи.

Однако в подлинном Мессии, Который проповедовал им Евангелие, не было ожидаемого ими величия. Он родился в хлеву; Он никогда не носил шикарной одежды; Ему негде было жить, и Он ночевал в пустыне или в горах. Он не ел вдоволь. Он выглядел, как человек, ничего из себя не представляющий. Лицемеры, ожидавшие знамений, доверяли только тому, что бросалось в глаза, поэтому-то они и не признали Мессию.

Ожидавшие чудес лицемеры не были способны оценить всей глубины и проницательности Божьего провидения. Духовный мир был невидим их глазу. Они старались найти Мессию, мысленно поддавшись похоти плоти, похоти очей и гордости житейской. В конечном итоге, они не сумели признать Мессию, Который предстал прямо перед их взором.

Во-вторых, слово «Иудеи», в его духовном понимании, означает «верующие». Те Иудеи, к которым обращается Павел, не являются иудеями в духовном смысле этого слова, то есть они не верующие, а лицемеры.

Написано, что Иудеи требовали знамений. Что Слово Божье говорит нам о вере в увиденное? В Евангелии от

Иоанна, 20:29, говорится: *«Иисус говорит ему: ты поверил, потому что увидел Меня; блаженны невидевшие и уверовавшие»*. Блаженны те, кто поверили в Бога, приняли Иисуса Христа и Царство Небесное, просто слушая Слово Божье, а не ожидая чудес, чтобы утвердиться в вере.

Некоторые говорят, что поверят, когда увидят собственными глазами. Однако поверят ли они в действительности тогда, когда увидят деяния Божьи? Большинство людей, которые это говорят, не поверят и не примут Бога даже тогда, когда явленные чудеса и знамения станут очевидным доказательством в пользу того, что Бог – Живой. Они могут уверовать на время, но, рано или поздно, они отступятся от веры. Сердца же тех, кто способен верить в невидимое, не колеблются, и они становятся по-настоящему благословенными людьми.

Павел сказал, что Иудеи требуют чудес и Еллины ищут мудрости. Почему Еллины ищут мудрости? Еллины были образованными и культурными людьми. Высокое развитие в период ранней истории Греции получила философия. Люди также были наделены мудростью. Они учились, развивая свои знания и культуру для того, чтобы лучше жить.

Поскольку Еллины были весьма мудры и образованны, Павел упомянул их, говоря о мудрости. «Еллины ищут мудрости» означает, что мудрые и умные люди продолжат умножать свои знания и будут стремиться к большей мудрости.

«...Мы проповедуем Христа распятого, для Иудеев – соблазн, а для Еллинов – безумие» (1:23).

Это не «Иудеи» и не «Еллины», то есть язычники, а истинные дети Божьи свидетельствуют о крестных муках Иисуса Христа. Они не говорят о том, как заработать денег, завоевать славу, наслаждаться влиятельным положением в обществе. Они сосредоточены на кресте Христа и на том, как получить спасение.

Иудеям, лицемерным в вере, это не нравилось: тот Мессия, Которого они желали, не мог быть распят.

И даже в наши дни, когда мы свидетельствуем об Иисусе Христе, некоторые люди говорят, что поверят в Него тогда, когда смогут увидеть и прикоснуться к Нему. С ожесточенным сердцем они требуют чудес, говоря, что, не увидев их, они не могут поверить. Такие люди преумножают свои грехи, и если мы проповедуем им Иисуса Христа и призываем их к покаянию, то это становится для них камнем преткновения.

И тем не менее, в глубине своего сердца они не могут отрицать существование Бога. В них еще сохраняется совесть, поэтому они испытывают страх, слыша о Небесах и аде. В этом случае им следовало бы покаяться и искать Бога, но они предпочитают не слушать об этом, а стараются преодолеть свой страх.

В 23-м стихе также говорится о том, что проповедь Иисуса Христа распятого для язычников – безумие. Под словом «язычники» подразумеваются все неверующие, будь то Иудеи или сами Еллины. Для всех неверующих проповедь Христа распятого кажется безумием.

Если мы, благовествуя, скажем: «Бог – Живой. Неизлечимые болезни были исцелены после молитвы в церкви», то многие люди сочтут нас безумными, полагая, что все это произошло в результате случайного совпадения. А все потому, что с помощью своих знаний и мудрости они понять этого не могут.

С помощью мудрости и знаний мира сего мы не способны поверить в сотворение всего из ничего. Но Бог, несомненно, создал все из ничего. Когда Он сказал: «Да будет свет. И стал свет», Он сотворил солнце, луну, звезды и все во вселенной по Слову Своему (Бытие, 1:1-31). И еще Он сказал, что «все возможно верующему», и мы ощущаем Его деяния по вере своей.

В нашей церкви мы видим, как излечиваются самые разные болезни, когда люди принимают молитву с верой. Такое происходило ни раз и ни два; члены церкви постоянно ощущают результаты подобных деяний на собственном опыте.

Отдельные люди, считающие себя мудрыми, рассуждая

об этом, заявляют: «Эти болезни побеждены благодаря силе воли, самовнушению и уверенности в своем выздоровлении». Но даже двух- или трехлетние дети получают исцеление, когда за них молятся. Что же они такого знают, что помогло бы им победить болезнь силой разума? С помощью человеческих познаний и мудрости невозможно найти Бога и обрести жизнь вечную.

Некоторые неверующие могут докучать верующим, говоря: «Твоя церковь кормит тебя, что ли?» Разумеется, церковь дает им пищу. Она питает их духовным хлебом, чем и является Слово Божье. Божье Слово – живое, оно приводит нас к жизни вечной, и это Слово является истинным хлебом, который никогда не испортится.

Однако мирские люди тяготеют к вещам видимым и плотским, оттого и задают подобные вопросы. Но дети Божьи могут смело свидетельствовать о Господе, зная, что есть истина.

> «…Для самих же призванных, Иудеев и Еллинов, – Христа, Божию силу и Божию премудрость» (1:24).

Христос – это сила Божья для чад Божьих, верующих в Него, независимо от того, являются они Иудеями или Еллинами.

Даже в среде лицемерных Иудеев есть те, кто веруют

в Иисуса Христа и получают спасение. И, кроме того, некоторые Еллины встретили Бога, стремясь к знаниям и мудрости. Не все образованные люди отрицают Бога. Некоторые из них ищут Бога и находят Его, благодаря обретенным знаниям.

Когда-то мы ничего не знали о воскресении и жизни вечной. Мы думали, что все исчерпывается нашей земной жизнью. Но когда мы узнали об Иисусе Христе и приняли Его, тогда мы уверовали в Бога, Который воскрешает мертвых, и поверили в существование Небес и ада.

Когда мы принимаем Иисуса Христа, наш мертвый дух пробуждается, и мы идем путем, ведущим к жизни вечной. Как сказал Иисус: «Я есмь путь и истина и жизнь». Он есть Христос, Который дает нам жизнь и становится для нас путем, ведущим в Небесное Царство, а следовательно, является силой Божьей.

В стихе (1:24) также говорится, что Христос есть не только сила Божья, но и Божья премудрость. Он является Божьей премудростью, потому что спасает нас, совершенствует нас и дает нам жизнь вечную.

Кто в этом мире может дать нам спасение и изменить нашу жизнь? Кто может изменить сердце злого человека, сделав его добрым? Это подвластно только силе Божьей. Вот почему в 24-м стихе говорится, что Христос и для Иудеев и для Еллинов является Божьей силой и Божьей премудростью.

«Потому что немудрое Божие премудрее человеков, и немощное Божие сильнее человеков» (1:25).

Немудрое Божье – это то, что выглядит немудрым с позиции неверующих. На самом же деле у Бога нет ничего немудрого.

Если кто ударил нас по правой щеке, то мы должны, как сказал Иисус, обратить к нему и другую. Правила же этого мира диктуют дать сдачи тому, кто нанес нам удар безо всякой на то причины. Мирские люди склонны думать, что не ответить обидчику тем же – это признак трусливости. Иисус же велит отдать свою верхнюю одежду тому, кто хочет забрать у вас рубашку. Означает ли это, что вы должны сами остаться голыми?

Исходя из системы ценностей и взглядов этого мира, Божьи повеления могут выглядеть немудрыми. Однако они дают нам любовь и мир, ведут нас к победе. Мы можем даже любить своих врагов, и когда мы будем поступать по Слову Божьему, это тронет их сердца (1-я кн. Царств, 24:16-21). Лишь таким путем мы сможем обрести любовь, мир и победу.

И еще сказано: «...немощное Божие сильнее человеков». Может ли у Бога быть что-либо немощным, слабым? Верующие убеждены в том, что у Бога нет слабостей, однако неверующим Бог не кажется всесильным.

Истина учит нас соглашаться, уступать, терпеть, отступаться от своего ради сохранения мира, что, с точки зрения мирских людей, может показаться признаком немощности. Люди этого мира стараются выставить себя напоказ, хотят, чтобы их заметили, однако Божье слово говорит нам делать прямо противоположное.

Иисус тоже выглядел «немощным». Он не ссорился, не кричал. Он был смиренным и кротким, поэтому мирские люди могли счесть его «немощным». В Евангелии от Матфея, 12:19-20, дано прекрасное описание характера Иисуса. Там написано: *«Не воспрекословит, не возопиет, и никто не услышит на улицах голоса Его; трости надломленной не переломит, и льна курящегося не угасит, доколе не доставит суду победы».*

Благодаря этим качествам Иисуса, кажущимся немощью, Он в итоге разрушил власть смерти и воскрес, чтобы исполнилась воля Божья. Вот почему в этом стихе говорится, что немощь – это сила.

Хвались Господом

«Посмотрите, братия, кто вы, призванные: не много из вас мудрых по плоти, не много сильных, не много благородных» (1:26).

Этот стих показывает, какими мы видимся Богу. Слова «по плоти» характеризуют неверующих. Те, кто не уверовал в Бога, похваляются собственной популярностью, деньгами, мудростью, знаниями, высоким образованием, солидной семьёй, своим красноречием и многим другим, однако для Бога это всего лишь безумие.

Какой смысл хвалиться образованностью, мудростью, происхождением или достатком, если люди, не познавшие Бога, обречены на смерть? Это не умно, потому что всё, чем они хвастаются, неминуемо погибнет.

«Но Бог избрал немудрое мира, чтобы посрамить мудрых, и немощное мира избрал Бог,

чтобы посрамить сильное; и незнатное мира и уничиженное и ничего не значащее избрал Бог, чтобы упразднить значащее, – для того, чтобы никакая плоть не хвалилась пред Богом» (1:27-29).

«Мудрые» – это те, кто сами себя считают таковыми. Но они совсем не мудры в очах Божьих. В Притчах, 1:7 и 9:10, мы читаем о том, что началом мудрости является страх ГОСПОДЕНЬ. Бог, как сказано, избрал «немудрое мира, чтобы посрамить мудрое».

Чада Божьи, принявшие Иисуса Христа, получают спасение и наслаждаются вечной радостной жизнью в Небесном Царстве. Не знающие или не ищущие Бога – те, кто считают себя мудрыми, в конце концов окажутся в аду. Они будут постыжены.

В Евангелии от Луки, в главе 16-й, мы читаем о нищем Лазаре и богаче, который одевался в «порфиру и виссон». «Порфира» – это торжественная одежда из багряного шелка, а «виссон» – тончайшая дорогая белая ткань из льна или хлопка. Он пиршествовал каждый день, вел блистательный образ жизни. А нищий, по имени Лазарь, «лежал у ворот его в струпьях и желал напитаться крошками, падающими со стола богача, и псы, приходя, лизали струпья его».

Умер Лазарь и был отнесен ангелами на лоно Авраамово. Умер и богач. В аду он поднял свои глаза и увидел вдали

Авраама и Лазаря на лоне его. *«Он возопил и сказал: Отче Аврааме! умилосердись надо мною и пошли Лазаря, чтобы омочил конец перста своего в воде и прохладил язык мой, ибо я мучаюсь в пламени сем»*. Но помочь ему было уже невозможно.

Богач любил мир и мирские удовольствия, но не имел любви к Богу. После смерти он отправился в Нижнюю могилу и страдал там от боли. А бедный Лазарь, хотя и жил в нищете, но имел страх Божий. Он получил спасение и пребывал на лоне Авраамовом.

Богач, живя на земле, считал себя мудрым. А нищий Лазарь, который в своей земной жизни был таким немощным, после смерти наслаждался счастьем. Тогда как богач должен был гореть в огне, причем не день или два, а вечность. Какой же это позор для него! Мы должны быть благодарны Богу за то, что Он выбрал нас и мы можем быть Его детьми.

В двадцать седьмом стихе сказано: «Но Бог избрал немудрое мира, чтобы посрамить мудрых, и немощное мира избрал Бог, чтобы посрамить сильное...». Если Бог призывает и избирает вас, то вы по-настоящему благословенный человек. Удостоиться Божьего признания и стать диаконом, диакониссой, старейшиной или выполнять церковные поручения – это намного более почетно, чем быть признанным главами государств и народов.

Почему же тогда Бог избрал именно немудрое, а не

предпочел мудрое? Иисус говорил: *«Истинно говорю вам, если не обратитесь и не будете как дети, не войдете в Царство Небесное»* (От Матфея, 18:3).

Духовные дети – просты, чисты и смиренны. Они просто, как дети, принимают Слово истины и с верой повинуются ему. Поэтому они могут измениться и достичь Царства Небесного.

Те же, кто думают, что обладают мудростью этого мира, считают безумными людей, имеющих сердца, как у детей. Однако Бог выделяет и использует тех, кто обладает простым и добрым сердцем. Он выбирает тех, кто нищ духом.

Далее, в этом же стихе говорится: «И немощное мира избрал Бог, чтобы посрамить сильное». Иисус был Сыном Божьим, но по стандартам этого мира Его можно счесть немощным. Если кто-то ударит Его по правой щеке, Он обратит к нему и другую, Он трости надломленной не переломит. Он кажется таким немощным!

«Немощный» Иисус был распят, «немощный» Иисус воскрес и вознесся на Небеса, став Царем царей и Господом господствующих! В противоположность Ему, те, кто сами себе казались сильными и преследовали Иисуса, встали на путь, ведущий к погибели. Поэтому Бог посрамил сильное с помощью немощного.

В двадцать восьмом стихе говорится: «И незнатное

мира и униженное и ничего не значащее избрал Бог, чтобы упразднить значащее...». Петр, один из учеников Иисуса, был рыбаком. Его профессия не относилась к числу особо почитаемых обществом. Но Бог выбрал незнатных людей, чтобы посрамить тех, кто возносится над другими.

Из Деяний, 4:13-14, мы можем больше узнать о социальном положении учеников: *«Видя смелость Петра и Иоанна и приметив, что они люди некнижные и простые, они удивлялись; между тем узнавали их, что они были с Иисусом; видя же исцеленного человека, стоящего с ними, ничего не могли сказать вопреки».*

Люди полагали, что они были необразованными и немощными. Однако когда они приняли Святого Духа и полностью изменились, то это удивило всех. В Деяниях, 2:43-44, говорится: *«Был же страх на всякой душе; и много чудес и знамений совершилось через Апостолов в Иерусалиме. Все же верующие были вместе и имели все общее».*

Бывшие рыбаки и люди из числа меньшинств, презираемых в обществе, были призваны стать учениками Господа. Иисус избрал этих людей и использовал их так, что мирские люди даже страшились их. Видя чудеса и знамения, явленные учениками, они всем своим видом показывали свое неверие, однако в сердце своем они все же сохранили зачатки совести. Поэтому им становилось страшно при виде таких деяний учеников, которые они сами никогда бы не смогли совершить.

В двадцать девятом стихе говорится: «...для того, чтобы никакая плоть не хвалилась пред Богом». Если Бог призывает и использует мудрых, обеспеченных, образованных или денежных людей этого мира, то будут ли они иметь благоговейный страх Божий?

Подобные люди утверждают, что они добились успеха благодаря хорошему образованию и своим умственным способностям, а вовсе не потому, что их благословил Бог. Если такого плана человек возглавит церковную паству и преуспеет в этом, то он, вероятнее всего, припишет это своей мудрости и образованности. Такие люди уверены, что прекрасно справляются со своей работой и высоко оценивают свои способности. Им не свойственно за все славить Бога.

Вот почему Бог выбирает тех, кто немощен, слаб и презираем. Они не станут восхвалять и превозносить себя. Мы знаем истину, мы можем положиться на Бога и довериться Его водительству во всем. Нам следует признать, что только с Ним все возможно.

> «От Него и вы во Христе Иисусе, Который сделался для нас премудростью от Бога, праведностью и освящением и искуплением...» (1:30).

Все живое и неживое во вселенной было создано Богом. Бог дал Адаму полномочия владычествовать над всеми творениями. Но из-за грехопадения Адама он сам и все, над чем он имел власть, было проклято. Вся власть, которой был наделен Адам, перешла к дьяволу.

Вот почему в Евангелии от Луки, 4:5-6, говорится: *«И, возведя Его на высокую гору, диавол показал Ему все царства вселенной во мгновение времени, и сказал Ему диавол: Тебе дам власть над всеми сими [царствами] и славу их, ибо она предана мне, и я, кому хочу, даю ее».*

Мир, на котором лежало проклятие, не был столь же прекрасным, сколь он был тогда, когда Бог только сотворил его. Бог послал Своего Единственного и Единородного Сына Иисуса на эту землю, чтобы спасти проклятое человечество от рук врага дьявола.

Бог доказал нам свою великую любовь: безгрешный Иисус умер на кресте, взяв на себя грехи всего человечества, чтобы все, кто веруют в Него, могли получить жизнь вечную и стать детьми Божьими. Мы вновь становимся детьми Божьими, мы – от Бога и во Христе Иисусе.

Итак, что означают эти слова: «...вы во Христе Иисусе, Который сделался для нас премудростью от Бога, праведностью и освящением и искуплением...» ?

Мудрость – это страх Божий. Божья мудрость спасает нас, ведет нас к очищению от грехов, позволяет нам жить в истине и направляет к жизни вечной.

Наряду с этой мудростью, Иисус Христос дал нам праведность, освящение и искупление. Здесь праведность – это благость, а благость – это Слово Божье. Если мы принимаем Иисуса Христа, то это значит, что нам следует жить в благости и праведности, то есть по Слову Божьему.

Этот плод праведности проявляется в процессе освящения. Если мы сердцем, словно духовный хлеб, принимаем Слово Божье, то это скажется и на наших поступках. Вот почему в 1-м послании Иоанна, 3:18, говорится: «*Дети мои! станем любить не словом или языком, но делом и истиною*».

Мы стали едиными в Господе, Который есть Путь, Истина и Жизнь. Нам, искупленным Иисусом Христом, не следует иметь крепких уз с миром.

«...Чтобы [было], как написано: „хвалящийся хвались Господом"» (1:31).

Почему Бог для исполнения своих деяний выбирает тех, кто безумен, немощен и презираем миром? Для того чтобы хвалящийся хвалился Господом. Чем в своей жизни мы можем похвалиться? Неверующие могут хвалиться многими вещами, например, деньгами, славой, положением в обществе, знаниями и мудростью.

В Книге Екклесиаста, 1:2-3, сказано: «*Суета сует, сказал Екклесиаст, суета сует, – всё суета! Что пользы человеку от всех трудов его, которыми трудится он под солнцем?»* Следовательно, кроме как Господом, хвалиться нам больше нечем. Все, что не связано с Господом, – тщетно, ведь даже самые лучшие вещи в конце концов превращаются в тлен и ведут нас в ад.

Мы, знающие об этом, должны хвалиться только Господом. Не тщетно лишь то, что мы делаем в Господе. Независимо от того, учимся ли мы или занимаемся бизнесом, едим мы или пьем, мы должны всегда прославлять Бога в истине. Жить так – это настоящее благословение. Такая жизнь будет прожита не напрасно, потому что она угодна Богу и она принесет Небесные награды.

Глава 2

Божья мудрость

— Проявление Силы через Дух

— Крестный путь, мудрость Божья

— Божья благодать, познанная через Святого Духа

— Соображая духовное с духовным

Проявление Силы через Дух

«И когда я приходил к вам, братия, приходил возвещать вам свидетельство Божие не в превосходстве слова или мудрости, ибо я рассудил быть у вас не знающим ничего, кроме Иисуса Христа, и притом распятого» (2:1-2).

Апостол Павел был высокообразованным, эрудированным человеком. Но он не рассчитывал на свое образование или знания. Проповедуя Бога, он не полагался на превосходство слова или на собственную мудрость, он уповал лишь на волю Божью.

Мы не можем спасать души с помощью красноречивых слов, убедительных доводов или человеческой мудрости. Вот почему к чтению книг о вере следует относиться с осторожностью. Не стоит соглашаться с идеями, изложенными в книге, только из тех соображений, что книга написана известным человеком.

Если автор много молится и имеет глубокое общение с Богом, то чтение его книги принесет пользу. Но если автор – человек очень образованный и знающий, но не молится и не постится, не имеет близких отношений с Богом, то особой пользы от чтения такой книги, скорее всего, не будет. Ведь это издание родилось лишь благодаря личным знаниям и мудрости автора.

О чем свидетельствовал Павел? Он свидетельствовал только об Иисусе Христе и о том, что Он был распят на кресте. Это то, что и должен делать раб Божий. Раб Божий должен свидетельствовать о том, кем является Иисус Христос, почему Он пришел на эту землю, почему Он был распят и как Он искупил нас от наших грехов. Он также должен проповедовать Его Воскрешение и Второе пришествие, чтобы Божьи дети могли обрести надежду на Небеса, живя на земле.

Вот почему апостол Павел «рассудил быть... не знающим ничего». С того времени как он встретил Господа, он понял, что в его знаниях, препятствующих спасению душ, не было пользы.

Чем выше развиваются наука и технологии, чем больше знаний обретают люди, тем более высокомерными они становятся и тем более они склонны отрицать существование Бога. Те, кто ищут мирских знаний, не ищут Бога. Вот почему апостол Павел говорит, что он рассудил быть «не знающим ничего, кроме Иисуса Христа, и притом распятого».

Следовательно, те, кто хотят стать пасторами или работать для Бога, должны изучать Библию, вместо того чтобы читать книги, написанные людьми, которые используют собственные знания и мудрость. Они должны молиться о духовном общении с Богом и стремиться получить силу Божью. Это единственный путь к спасению душ и расширению Царства Божьего.

В Послании к Ефесянам, 5:16, апостол Павел настоятельно призывает дорожить временем, *«потому что дни лукавы»*. Мы должны иметь общение с Богом и спасти как можно больше погибающих душ нынешнего порочного поколения. Мы должны свидетельствовать им о Боге Живом и направлять их к вере. Более того, мы должны помнить, что все это делается не с помощью знаний этого мира.

«И был я у вас в немощи и в страхе и в великом трепете» (2:3).

До того как апостол Павел встретил Господа, он не имел страха. Он арестовывал верующих в Иисуса Христа и был одним из главных гонителей христиан. Однако с того времени, как он повстречал Господа, он был с верующими и в немощи, и в страхе, и в великом трепете.

Что это означает? Если мы действительно верим в Бога и знаем Его, то, будучи Его служителями, мы должны быть немощными пред Богом и другими верующими. Сила только у Бога, и нам следует понимать, что если Он не с нами, то мы ни на что не способны.

Некоторые утверждают, что могут красиво говорить, так как они много знают, хорошо образованны и мудры. Но эти качества не помогут исполнить Божье дело. Представьте себе очень хорошего оратора, который наделен знаниями и способностью произносить речи, удерживая внимание аудитории. Может ли этот человек, проповедуя Слово Божье, заставить верующих измениться и жить в истине? Совсем нет.

Конечно, его выступление может на какое-то мгновение тронуть аудиторию. Но в подобного рода речах отсутствует сила, способная побудить их избавиться от своей греховной сущности или очистить свое сердце от зла. Знания оратора и его искусное владение словом не могут заставить слушателей жить по Слову Божьему. Красивыми речами не посеять семян веры в сердце человека. Они не помогут им встретить Бога или изменить свою жизнь. Следовательно, подобные речи бесполезны.

Если мы понимаем, что сами мы не можем никому помочь, то смиряемся пред Богом. И если Бог не с нами, то мы становимся бессильными и не можем ничего сделать самостоятельно.

Даже Иисус иногда был немощен и избегал тех людей, которые пытались схватить и убить Его. Апостол Павел был также немощен, он трепетал пред Богом и прекрасно понимал, что он ничего бы не сделал сам, если бы Бог не был с ним.

Страх и трепет пред Богом всегда заставляли апостола Павла, не останавливаясь, молиться, чтобы продолжать духовное общение с Богом. Он постоянно бодрствовал, не рассеивая внимание на что-либо иное, кроме Бога. Точно так же и мы должны исполнять данные нам Богом обязанности – в немощи, страхе и в великом трепете.

«…И слово мое и проповедь моя не в убедительных словах человеческой мудрости, но в явлении духа и силы, чтобы вера ваша [утверждалась] не на мудрости человеческой, но на силе Божией» (2:4-5).

Дух Святой может начать работать только тогда, когда мы пренебрегаем своими мирскими знаниями и мудростью. Мы должны уповать на Бога и все отдать в Его руки. Тогда Бог сможет контролировать наши сердца, разум, помышления и уста. Если мы молимся о том, чтобы во всем поступать мудро, не используя человеческие мысли, тогда мы сможем услышать голос Святого Духа, исходящий из нашего сердца. Если же мы обратимся к собственным мыслям, мы не сможем услышать голос Духа Святого.

Некоторые говорят, что, несмотря на свои молитвы, они не могут услышать голос Святого Духа. Однако это не совсем так. Иногда они просто не различают голос Святого Духа. Представьте, что вы хотите приступить к какому-то делу. И если вы, не вспоминая о Слове Божьем, примете решение, соответствующее вашим мыслям, то вы не сможете услышать голос Святого Духа. Но если вы примете решение по Слову Божьему, которое является истиной, и будете поступать согласно истине, то это будет означать, что вы слышите голос Святого Духа.

Божьи Слова не исходят из наших мыслей. Люди, не получившие силу Духа Святого, столкнувшись с проблемами, не могут вспомнить того, что написано в Слове Божьем, хотя они интенсивно читали Библию. Я уверен, что некоторые из вас испытывали подобное не раз. Вы читаете Библию, но когда хотите дать духовное наставление кому-то, ничего подходящего на ум не приходит.

Однако тем, кто слышат голос Святого Духа, будет дано Его Слово, чтобы они могли говорить то, что должны услышать люди, которые нуждаются в духовном наставничестве. Те, кто молятся Богу, кто вооружился Словом Божьим, все время будут слышать голос Святого Духа. Следуя воле Божьей, они всегда будут вести жизнь победителей и не поддадутся на искушения сатаны.

Вера не приходит через человеческую мудрость. Мы не можем уверовать и познать Бога собственной мудростью. Чаще все происходит наоборот. Чем больше человеческой мудрости, тем больше сомнений.

Поскольку апостол Павел хорошо понимал это, он не обращался к собственной мудрости, к своим ораторским способностям и знаниям. Он проповедовал Иисуса

Христа и крестный путь, исполнившись Святым Духом. Он отбросил все свои познания и вел служение с помощью силы Божьей и Святого Духа, посланных ему через молитвы. Вот почему удивительные деяния по исцелению происходили даже тогда, когда на больных возлагали платки, которые касались его тела (Деяния, 19:12).

Когда мы будем благовествовать, опираясь на силу Божью, тогда люди будут каяться и меняться. Если в проповедуемом нами слове ощущается сила Божья, то все знания, приобретенные человеком, все его мысли будут разрушены, и он сможет признать Бога Живого. Это путь к обретению веры, покаянию в грехах и жизни в истине. Следовательно, проповедуя Евангелие, мы должны свидетельствовать о Боге Живом, являя силу Божью через молитвы, а не через слова человеческой мудрости.

Но это не означает, что мы не должны признавать никаких мирских знаний и не должны учиться. Я лишь говорю о том, что не следует обращаться к мирским познаниям, когда мы ведем работу по спасению душ. Учиться же в школе нужно старательно, чтобы потом применять свои знания на рабочем месте, быть наставниками для других и прославлять Бога.

Едим ли мы, пьем ли мы, что бы мы ни делали, мы должны жить во славу Божью. То же относится и к образованию. Но, проповедуя Благую Весть, мы не сможем посеять семена веры в других только с помощью собственных знаний.

Крестный путь, мудрость Божья

«Мудрость же мы проповедуем между совершенными, но мудрость не века сего и не властей века сего преходящих» (2:6).

До этого апостол Павел говорил о бесполезности мирской мудрости. Он сказал, что отказался от мудрости человеческой, чтобы проповедовать истинную мудрость «между совершенными». Здесь под «совершенными» подразумеваются те, кто возрос в вере, стоит на камне веры и питается твердой пищей.

Давайте немного глубже рассмотрим понятие «мудрость». В Послании Иакова, 3:17, сказано: *«Но мудрость, [сходящая] свыше, во-первых, чиста, потом мирна, скромна, послушлива, полна милосердия и добрых плодов, беспристрастна и нелицемерна»*.

Такая мудрость нисходит Свыше. Она дается Богом в той степени, в которой мы отрекаемся от того, что Писание не считает правильным, и живем по Слову Божьему. То есть, если мы живем по Слову, мы будем чистыми, мирными, скромными, послушными, полными милосердия и добрых плодов. Мы будем беспристрастны и нелицемерны. Мы можем получить мудрость Свыше, когда Слово Божье пребывает в нас. Более того, мы можем получить неограниченную и бесконечную мудрость Свыше, если мы достигнем зрелости в вере.

Достигшие такого уровня веры не скажут, что не могут проповедовать Евангелие, потому что они недостаточно образованны. Они не рассчитывают на свои знания, а полагаются на мудрость, данную Свыше. Людям, познавшим это, в Евангелии от Матфея, 10:19-20, сказано: *«Когда же будут предавать вас, не заботьтесь, как или что сказать; ибо в тот час дано будет вам, что сказать, ибо не вы будете говорить, но Дух Отца вашего будет говорить в вас».*

Чтобы получить мудрость Свыше, мы должны отбросить мудрость и знания мира сего. От чего же конкретно мы должны отказаться? Должны ли забыть о том, что один плюс два равно трем? Нет, конечно!

Мы должны отречься от того, что враждебно Слову Божьему. Например, от того, что в результате эволюции обезьяна стала человеком. Мы поймем, что это неправда, по-настоящему познав правду. Мы поверим в то, что Бог создал небеса и землю и все, что на ней, полностью отказавшись от мирских знаний.

В шестом стихе говорится: «...мудрость не века сего и не властей века сего преходящих». Здесь под «властями» подразумеваются общественные деятели. Это относится к фарисеям, книжникам и первосвященникам, которые находились на лидирующих позициях.

В применении к сегодняшнему дню, термин «власти» можно отнести к преподавателям, к занимающим руководящие должности, и все то, с помощью чего мы приобретаем знания. Следовательно, и учителя, и книги могут иметь власть над нами. Когда мы не знаем истины, мы можем впитывать в себя различные знания и чью-то мудрость. Но от большинства из всего этого нам придется отказаться, когда мы познаем истину.

Например, если вы заболели, то знания и мудрость, присущие обычным людям, подсказывают пойти в госпиталь и получить соответствующее лечение. Но дети веры, у которых нет сомнений во всемогуществе Бога, могут быть полностью исцелены молитвой. Божье исцеление не может сравниться с медицинскими методами лечения: оно полностью исцеляет, не оставляя никаких побочных явлений.

Однако власти этого мира не поверят в достоверность этого, они скорее назовут это безумием. Такова мудрость власть предержащих. Такая мудрость не даст миру уверовать в истину.

«...Но проповедуем премудрость Божию,

тайную, сокровенную, которую предназначил Бог прежде веков к славе нашей» (2:7).

Бог создал небеса и землю, чтобы обрести истинных детей, и приготовил все для взращивания человечества. Бог знал, когда Адам ослушается и встанет на путь погибели. И зная это, Бог сокрыл провидение спасения, которое должно было прийти через Иисуса Христа. Вот почему Иисус Христос – это тайна, сокрытая прежде веков.

Когда Иисус Христос явился людям, власти тех времен, при всей своей мудрости, не поняли Его. Они распяли Иисуса.

Враг дьявол несет людям только мирские мудрость и знания. Дьявол не понял Божьей мудрости и думал, что сможет господствовать в воздухе всегда, а для этого надо лишь убить Иисуса.

Как только Иисус родился, враг дьявол старался всеми возможными путями убить Его. В результате дьявольских подстрекательств, власти того времени распяли Иисуса и посчитали себя победителями. На самом же деле все это свершилось по мудрости Божьей.

Духовный закон гласит: возмездие за грех – смерть. До того как Адам вкусил запретный плод, он был безгрешен, и смерти не было. Только вследствие непослушания Адама, он сам и все его потомки стали смертными. Тот, кто грешит, должен умереть. Однако дьявол убил непорочного

Иисуса, в Котором не было ни первородного греха, ни грехов, совершенных Им Самим. Таким образом, когда он подстрекал убить Иисуса, он нарушил закон духовного мира.

Изначально власть была у Адама, и ему подчинялось все на этой земле. Когда он согрешил, данная ему власть была передана дьяволу. Но дьявол убил безгрешного Иисуса, и поэтому ему пришлось возвратить полученную им власть над людьми. С того момента каждый, кто верит в Иисуса Христа, может быть спасен. Это и есть «крестный путь», сокрытый прежде веков. И это был Божий план спасения грешников. Сколь удивительна Божья мудрость!

Бог дает нам мудрость Свыше, когда мы отбрасываем мудрость и знания властей мира сего. Если мы получаем мудрость Свыше, мы можем наслаждаться неограниченной славой на земле.

Почему же говорится, что мы получим славу, когда вся слава должна быть отдана Богу? Едим ли мы, пьем ли мы, мы славим Бога Отца за все, что бы мы ни делали. И тогда Он возвращает нам мерою доброю, утрясенною, нагнетенною и переполненною, потому что Он воздает сполна тем, кто славит Его.

Так же Он вознаградит нас и на Небесах. Следовательно, если мы славим Бога, мы, в конечном итоге, прославляем и себя. Бог дает нам спасение от смерти и жизнь вечную, а в этом и есть наша слава.

Иисус тоже всегда славил Бога Отца. В Евангелии от Иоанна, 17:10, говорится: *«...Я прославился в них».* Иисус прославлен, так как Он получил награду – воссел одесную Божьего престола и у Него власть управлять всеми народами.

> «...Которой никто из властей века сего не познал; ибо если бы познали, то не распяли бы Господа славы. Но, как написано: „не видел того глаз, не слышало ухо, и не приходило то на сердце человеку, что приготовил Бог любящим Его"» (2:8-9).

Некоторые из властей мира сего тоже верили в Бога, но премудрость Божью, как написано, «никто из властей века сего не познал». Это означает, что, если мы познаем и используем мирскую мудрость, мы не сможем понять Иисуса Христа. Если бы они познали премудрость Божью, то не стали бы распинать Иисуса Христа.

Учителя, не отказавшиеся от своей мирской мудрости, не смогли получить мудрость Свыше. Поэтому они не познали Иисуса Христа и тайны, сокрытой до начала веков, и распяли Его.

Стих девятый гласит: «Не видел того глаз, не слышало ухо, и не приходило то на сердце человеку, что приготовил Бог любящим Его». Те, кто преподает знания мира сего, враждебного Слову Божьему, и кто не исполняет Слово Божье, не могут видеть или слышать, хотя у них есть глаза и уши. Они не способны услышать голос Святого Духа, они гонят тех, кто проповедует им Слово истины. Результатом этого, в конечном итоге, стало распятие Иисуса Христа.

Почему же они не могут видеть, слышать или думать? Потому что мирские познания, враждебные истине, привели их к духовной слепоте. По этой причине апостол Павел и советует им отречься от мирских знаний, враждебных Слову истины, чтобы получить мудрость от Бога и жить жизнью, полной благословений.

Божья благодать, познанная через Святого Духа

«А нам Бог открыл [это] Духом Своим; ибо Дух все проницает, и глубины Божии» (2:10).

Знания и мудрость этого мира не помогут нам ни встретить Бога, ни познать Его. Но когда мы открываем свои сердца и принимаем Иисуса Христа, мы получаем в дар Святого Духа, и тогда мы можем познать и повстречать Бога. Дух Святой – это Дух Бога, а именно сердце Божье. Как же Святой Дух может направить нас к познанию Бога и встрече с Ним?

Святой Дух учит нас, что Бог является Творцом и нашим Отцом. Он позволяет нам познать тайну, сокрытую до начала веков. Это та тайна, которую власти века сего так и не постигли. Святой Дух дает нам знания об Иисусе Христе и, рассказывая нам о Небесах и аде, помогает нам утвердиться в вере. Святой Дух является сердцем Святого Бога, и, вполне естественно, Он проницает все, даже глубины Божьи.

Когда Святой Дух спускается на нас, Он пробуждает наш мертвый дух и ведет нас к истине. Более того, Он позволяет нам признать Иисуса Христа Господом. Он также свидетельствует о том, что мы принадлежим Богу.

К тому же Святой Дух наставляет нас и напоминает нам о том, чему учил Иисус Христос. Как написано в Евангелии от Иоанна (14:26): *«Утешитель же, Дух Святой, Которого пошлет Отец во имя Мое, научит вас всему и напомнит вам все, что Я говорил вам»*. Он также помогает нам в наших немощах, с Ним мы получаем возможность молиться по воле Божьей.

Святому Духу полностью ведомо сердце Бога, и Он хочет, чтобы воля Божья была исполнена. Поэтому Он помогает Божьим детям молиться в соответствии с волей Божьей. Более того, как написано в Послании к Галатам (5:22-23): *«Плод же духа: любовь, радость, мир, долготерпение, благость, милосердие, вера, кротость, воздержание. На таковых нет закона»*, то есть через Него мы можем принести эти плоды духа. Под водительством Духа Святого мы становимся духовными людьми, исполняющими волю Божью.

«Ибо кто из человеков знает, что в человеке, кроме духа человеческого, живущего в нем? Так и Божьего никто не знает, кроме Духа Божия» (2:11).

Апостол Павел упомянул о духе человеческом, для того чтобы дать пояснения о Святом Духе. Никто не знает мыслей человека, кроме духа, живущего в нем. И точно так же Святой Дух знает, что является Божьим. Когда Дух Святой снисходит на нас, тогда и мы можем познать Божье, а также обрести Божью мудрость и понять глубины Божьи.

В этом случае Павел мог бы сказать, что сердце или совесть знают мысли человеческие, но почему же он сказал о духе человеческом, живущем в нем? В этом заключен глубокий духовный смысл.

Когда мы принимаем Иисуса Христа, получаем в дар Духа Святого и живем как дети Божьи, тогда наше сердце и есть сам дух. Однако мы должны делать различие между сердцем и духом, живущим в человеке.

В Бытии мы читаем о том, что Бог, сотворив первого человека, Адама, сказал ему: *«А от дерева познания добра и зла не ешь от него, ибо в день, в который ты вкусишь от него, смертью умрешь»* (Бытие, 2:17). Затем ГОСПОДЬ Бог сказал: *«Не хорошо быть человеку одному; сотворим ему помощника, соответственного ему»* (ст. 18) – и создал Бог из ребра Адама женщину, и привел ее к нему, и стали они одной плотью.

Бог дал Адаму власть над всем и благословил его, сказав: *«Плодитесь и размножайтесь, и наполняйте землю, и обладайте ею, и владычествуйте над рыбами морскими и над птицами небесными, и над всяким животным, пресмыкающимся по земле»* (Бытие, 1:28).

Однажды сатана через змея стал искушать Еву: *«Подлинно ли сказал Бог: не ешьте ни от какого дерева в раю?»* (Бытие, 3:1)

Ева же ответила: *«Плоды с дерев мы можем есть, только плодов дерева, которое среди рая, сказал Бог, не ешьте их и не прикасайтесь к ним, чтобы вам не умереть»* (ст. 2-3). Бог говорил однозначно, что «смертью умрешь», Ева же не очень уверенно сказала: *«...чтобы вам не умереть»*.

Тогда сатана еще больше стал искушать Еву: *«Нет, не умрете; но знает Бог, что в день, в который вы вкусите их, откроются глаза ваши, и вы будете, как боги, знающие добро и зло»* (ст. 4-5). И в итоге Ева отведала плод и дала его Адаму. Оба они были введены в заблуждение и ослушались, так как не хранили Слово Божье.

Как и предупреждал Бог, сказав, что «смертью умрешь», когда Адам вкусил запретный плод из Эдемского сада, его дух умер. С этого времени он более не мог общаться с Богом. Однако в Евангелии от Иоанна, 3:6, говорится: *«Рожденное от плоти есть плоть, а рожденное от Духа есть дух»*. Когда мы принимаем Господа, Святой Дух снисходит на нас и дает жизнь нашему духу. То есть Он дозволяет нам понять, что такое грех и что такое праведность и суд. Он учит нас Слову Божьему, и так наш

Божья мудрость

мертвый дух пробуждается, а мы становимся людьми более духовными. Это и означает «рожденное от Духа есть дух».

Следовательно, без Святого Духа наш мертвый дух не может ни пробудиться, ни дать рождение нашему духу. Мы не можем понять Слово истины, вкушать его как духовный хлеб, начать жить жизнью человека духовного и стать совершенным духом. Это делается только с помощью Святого Духа. Благодаря этому процессу мы обретаем облик Господа.

Все пророки и ученики Иисуса, пройдя этот путь, стали людьми духа и общались с Богом – так они могли демонстрировать мощные деяния Бога для расширения Его Царства. В Евангелии от Иоанна, 14:12, говорится: *«Истинно, истинно говорю вам: верующий в Меня, дела, которые творю Я, и он сотворит, и больше сих сотворит, потому что Я к Отцу Моему иду».* Если вы станете человеком духа, вы будете способны являть чудеса и знамения и даже совершать еще более мощные деяния, для того чтобы прославить Бога.

До того как Адам отведал плод с дерева познания добра и зла, не было необходимости делать различие между сердцем и духом. Его дух и был сердцем. Но после грехопадения Адама и смерти духа неправда проникла в его сердце. И с того момента сердце человека разделилось на сердце правды и сердце неправды. Мы обладаем этими двумя типами сердца. Одна часть жаждет следовать тому, что желает Святой Дух, а другая часть хочет подчиниться плоти.

Другими словами, в нас есть желание обрести истину, благодать и дух, и в то же время мы тяготеем к неправде, порочности и плоти. И чем более духовными мы становимся, тем больше мы способны контролировать порывы плоти и следовать желаниям Святого Духа. Если мы полностью управляем плотью, то не будем считать жизнь во Христе тяжелой, а будем просто радостны и счастливы.

Но если в нас сильны плотские желания, то мы, скорее всего, проиграем в духовном сражении. Если наши сердца разделены на сердце истины и сердце неправды, тогда жизнь во Христе будет трудной, поскольку интенсивное противостояние будет непрерывным. Но если мы страстно желаем следовать за Духом Святым, мы будем стремиться вести жизнь победителей. Если мы вновь и вновь «рождаем дух» от Духа Святого, то мы становимся способными освободить свое сердце от неправды и заполнить его правдой. И тогда наш дух и наше сердце станут едиными.

Только дух, который живет в человеке, знает все его мысли. Вы можете подумать, что хорошо знаете свое сердце, но это неправда. Например, многие люди обычно строят планы на Новый год. Некоторые из них решают жить по Слову Божьему, а другие намереваются расширить свой бизнес.

Студенты, к примеру, могут дать себе слово усерднее заниматься, чтобы получать лучшие оценки. Если бы все эти люди придерживались намеченных планов хотя бы полгода, то это было бы превосходно и замечательно. Но они планируют, потому что явно не знают своего сердца. Предположим, что вы приносите в молитве Богу свои финансовые проблемы. Вы можете сказать: «Бог, если Ты благословишь меня финансово, я буду помогать нуждающимся и тратить деньги во славу Твою! Ты знаешь мое сердце, пожалуйста, благослови меня!» Но во многих случаях вы не получите ответа на свои молитвы.

Бог хочет дать Своим детям то, о чем они просят Его, так почему же Он не всегда отвечает на молитвы? Потому что он знает их сердце.

Люди могут думать, что будут помогать бедным, потому что сами страдали от нищеты, но только Бог знает их внутреннее сердце. Бог не может благословить их, если Он думает: «Я дам вам финансовые благословения, а вы отдалитесь от Меня. Вы будете любить деньги больше, чем Меня, вы не будете молиться и постепенно уйдете в мир».

И на самом деле, немало людей перестают молиться и возвращаются в мир, как только получают финансовые благословения. Когда они нуждались, они преданно трудились для Царства Божьего, однако, получив благословения, они отдалялись от Бога, оправдывая это своей занятостью и отсутствием времени. Как вы видите, в этом случае большим благом было не иметь финансового благословения, но при этом не отдаляться от Бога.

Таким образом, мы сами не знаем своего сердца, но его знает дух, живущий в нас. Те, кто вооружены Словом Божьим и полностью живут в истине, знают свои сердца. Им известно, хитрят ли они или смогут выполнить свое обещание. Дух, пребывающий в них, позволяет им познать это и не совершать ошибки пред Богом.

Например, они не просто молятся: «Бог, я сделаю это!» Скорее, они скажут в молитве: «Бог, я хочу сделать это, дай мне силы, помоги мне!» Бог не велит нам ничем клясться (От Матфея, 5:34). Если мы клянемся, сатана может помешать нам сдержать свое обещание. Вот почему нам следует молиться и просить: «Бог, помоги мне и дай мне силы сделать это».

Если ваш дух признает, что вы однозначно способны на это, то, молясь, вы скажете: «Бог, я сделаю это, пожалуйста, помоги мне». И у вас все получится. Поскольку вы пообещали Богу и себе, то обязательно выполните свое обещание. Этот дух истины, живущий в нас, знает наши сокровенные мысли, и он может молиться в соответствии с нашей ситуацией.

Однако, если мы пока не являемся людьми духа, мы не можем по-настоящему услышать голос Духа Святого. Мы можем лишь оценить себя сердцем, но при этом не понимать определенных глубоких вещей. Вот почему мы не знаем, что ожидать от будущего.

Есть одно, что мы всегда должны помнить. В Писании говорится: «... ибо кто из человеков знает, что в человеке, кроме духа человеческого, живущего в нем?» Если вы станете человеком истины, вы сможете избегать даже опасностей, поскольку Святой Дух будет подсказывать вам с помощью снов, озарений, голоса в сердце или через молитвы. Святой Дух постигает даже глубины Божьи и направляет нас. От того, в какой степени мы являемся людьми духа, зависит, насколько отчетливо мы слышим голос Святого Духа.

Поэтому, если у вас есть ясное понимание и осознание духовного Слова Божьего, то есть истины, то общение с Богом для вас становится вполне естественной потребностью. Став людьми духа, вы будете всегда поступать достойно. Святой Дух живет в нас, и если мы прислушиваемся к Его голосу, то мы можем понять Божье сердце и волю и угодить Ему.

«Но мы приняли не духа мира сего, а Духа от Бога, дабы знать дарованное нам от Бога» (2:12).

Тот, кто принял Иисуса Христа и получил Духа Святого, принял в дар Дух Божий, но не дух мира сего. А что же тогда такое дух мира? Это дух дьявола, дух обольстителя и дух лжи.

Даже среди верующих в Бога, мы можем найти тех, кто принял дух обольстителя и дух лжи. Например, таковыми являются люди, которые говорят, что не могут поверить в чудеса и знамения, о которых пишет Библия.

В Библии зафиксированы многие чудеса и знамения. Они происходили, потому что Бог способен создать все из ничего. Следовательно, не верить Богу, опираясь на собственные мысли и теории, это ошибка. Такие люди могут сказать, что они веруют, но на самом деле они не родили дух от Духа Святого. И поэтому не являются детьми Божьими.

Что написано о духе мира в Библии?

В 1-м послании к Тимофею, 4:1, написано: *«Дух же ясно говорит, что в последние времена отступят некоторые от веры, внимая духам обольстителям и учениям бесовским»*. Мы не поддадимся лжи, если будем твердо стоять на камне веры. Тот же, кто отступится от веры, последует за духом лжи и учениями бесовскими.

Например, когда Библия велит нам возопить в молитве, мы однозначно должны покориться этому. Однако есть люди, которые стараются остановить нас, говоря, что Бог не глухой. И еще: Божье Слово говорит нам собираться вместе во имя Его, но многие не хотят этого, оправдываясь своей занятостью. К этому их подталкивает дух лжи.

В 1-м послании Иоанна, 4:3, сказано: *«А всякий дух, который не исповедует Иисуса Христа, пришедшего во плоти, не есть от Бога, но это [дух] антихриста, о котором вы слышали, что он придет и теперь есть уже в мире»*. А в стихе шестом есть такие слова: *«Мы от Бога: знающий Бога слушает нас; кто не от Бога, тот не слушает нас. По сему-то узнаем духа истины и духа заблуждения»*.

В Откровении, 16:13, написано: *«И видел я [выходящих] из уст дракона и из уст зверя и из уст лжепророка трех духов нечистых, подобных жабам»*. Здесь говорится о нечистом духе. И в Откровении же, 16:14, сказано: *«Это – бесовские духи, творящие знамения; они выходят к царям земли всей вселенной, чтобы собрать их на брань в оный великий день Бога Вседержителя»*. А это – о демонических духах.

В Откровении, 18:2, также написано: *«И воскликнул он сильно, громким голосом говоря: пал, пал Вавилон, великая [блудница], сделался жилищем бесов и пристанищем всякому нечистому духу, пристанищем всякой нечистой и отвратительной птице»*.

Если кто-либо получит дух мира путем, описанным выше, он отдалится от истины и будет следовать за миром. Для такого человека покоряться Слову Божьему кажется несколько странным. А вот подчиняться духу мира для него нечто вполне естественное, поскольку он поддался демоническим делам и духу лжи.

Однако истинные дети Божьи не принимают духа мира, а исполняются только Духом Божьим – Святым Духом. 1-е послание к Коринфянам, 2:12, объясняет причину, по которой нам был дан Святой Дух. Там сказано: *«Но мы приняли не духа мира сего, а Духа от Бога, дабы знать дарованное нам от Бога»*.

Если нам платят за нашу работу, то ее нельзя счесть благодатью. Мы лишь получаем вознаграждение по итогам того, что мы сделали. Но если мы получаем что-то, ничего для этого не делая, то это благодать.

Мы получаем спасение не потому, что мы что-то делаем или живем праведной жизнью. В Евангелии от Матфея, 9:13, говорится: *«…Я пришел призвать не праведников, но грешников к покаянию»*. Иисус пришел призвать грешников. Теперь мы можем освободиться от греха и жить жизнью праведников. Наши грехи нам прощены, и, благодаря Иисусу Христу, мы можем победить мир силой Божьей.

Соображая духовное с духовным

«Что и возвещаем не от человеческой мудрости изученными словами, но изученными от Духа Святого, соображая духовное с духовным» (2:13).

Апостол Павел благовествовал, опираясь не на мудрость мира и не на людские учения. Он не обращался к каким-либо книгам или другим исследованиям, он проповедовал только то, в чем наставлял его Дух Святой.

Людей, обладающих большими познаниями и мудростью мира, достаточно много. Однако преумножение знаний мира не делает человека способным лучше исполнять Божье дело. К примеру, генеральный директор большой компании может оказаться не в состоянии выполнить даже небольшое поручение, данное ему в церкви.

Вот почему в 1-м послании к Коринфянам, 2:4, говорится: *«И слово мое и проповедь моя не в убедительных словах человеческой мудрости, но в явлении духа и силы».* Сделать Божью работу, применяя людские знания и мудрость, невозможно. Она выполнима только с помощью силы Духа.

Это же относится и к пробуждению церквей. Некоторые известные люди, бывшие в прошлом президентами, профессорами университетов или общественными лидерами, оставляют свою карьеру и становятся пасторами.

Можно подумать, что благодаря своим знаниям и мудрости они смогут инициировать великое пробуждение церквей. Однако в действительности это происходит отнюдь не так. Как я уже говорил, Божье дело делается не с помощью мудрости и знаний человека. Трудиться на Божьей ниве следует под водительством Святого Духа. Чему же учит нас Святой Дух? Давайте обратимся к Библии и посмотрим, что Он делает для того, чтобы пробудить и направить мертвый дух на путь истины.

В Евангелии от Иоанна, 14:26, мы читаем: *«Утешитель же, Дух Святой, Которого пошлет Отец во имя Мое, научит вас всему и напомнит вам все, что Я говорил вам».* Нам остается лишь следовать наставлениям и водительству Святого Духа.

В Евангелии от Луки, 12:11-12, говорится: *«Когда же приведут вас в синагоги, к начальствам и властям, не заботьтесь, как или что отвечать, или что говорить: ибо Святой Дух научит вас в тот час, что должно говорить».* Поэтому, если мы будем слушать голос Святого

Духа и следовать Его наставлениям, мы не будем совершать ошибок.

Если нет работы Духа Святого, то, вне зависимости от того, что именно мы делаем, мы будем следовать своим собственным мыслям и не сможем испытать силу Божью. Поэтому мы должны делать все, являя силу Духа, а не свои мудрость и знания.

Плотские помышления и дела плоти

Тринадцатый стих подытоживается словами: «... соображая духовное с духовным». Что подразумевается под словом «духовное»? Если есть нечто духовное, то предполагается и наличие бездуховного. Давайте же сначала обратимся к тому, что не является духовным. Речь пойдет о плоти и ее делах.

Плотские помышления – это такие греховные качества, как злость, ревность или ненависть, которые могут спровоцировать греховные действия.

В Библии слово «плоть» – это общий термин для греховных действий и греховной сущности. «Дела плоти» – это уже конечный результат греха, воплощенный в действии. Если мы хотим ударить кого-то, то это «плотские помышления», но когда мы на самом деле побили кого-нибудь, то это уже «дела плоти».

В Послании к Римлянам, 13:14, говорится: *«Но*

облекитесь в Господа (нашего) Иисуса Христа, и попечения о плоти не превращайте в похоти». А в Послании к Галатам, 5:19-21, сказано о делах плоти, являющихся противоположностью делам духовным. Там написано: *«Дела плоти известны; они суть: прелюбодеяние, блуд, нечистота, непотребство, идолослужение, волшебство, вражда, ссоры, зависть, гнев, распри, разногласия, (соблазны), ереси, ненависть, убийства, пьянство, бесчинство и тому подобное. Предваряю вас, как и прежде предварял, что поступающие так Царствия Божия не наследуют».*

Эти дела плоти наносят вред не только нам самим, они могут также стать причиной страданий других людей. Они не дают нам наследовать Царство Божье и получать ответы от Бога.

Таким образом, «духовное» предполагает отдаление или избавление от плотских помышлений и дел плоти. Когда мы достигаем этого уровня, тогда мы становимся способными общаться с Богом, получать все, о чем просим, и прославлять Его.

Божьи дети проходят через процесс становления людьми духовными, однако не многие становятся ими в полной мере и удостаиваются признания Божьего. У каждого человека разная мера веры, и мы можем распознать «духовное» только тогда, когда мы достигаем определенного духовного уровня.

«Душевный человек не принимает того, что от Духа Божия, потому что он почитает это безумием; и не может разуметь, потому что о сем [надобно] судить духовно» (2:14).

Здесь под «душевным человеком» подразумевается человек, который не хранит Слово Божье и который не познал истины, то есть тот, кто любит мир и имеет мирские желания.

Подобные люди не могут ни слышать голоса Святого Духа, ни получить Его водительства. Святой Дух всегда наставляет нас и руководит нами, но если наши духовные уши закрыты для голоса Святого Духа, то мы не можем распознать духовное. Душевный человек думает о духовном человеке, как о скучном и нелепом.

Если даже мы и не получаем благословений в бизнесе или на работе, то сама жизнь по Слову Божьему уже является благословением. Мирские люди считают, что они уже благословлены, если имеют достаток, однако Библия не говорит о том, что финансовый достаток является единственным благословением.

В Псалме, 1:1-2, говорится: *«Блажен муж, который не ходит на совет нечестивых и не стоит на пути грешных, и не сидит в собрании развратителей, но в законе Господа воля его, и о законе Его размышляет он день и ночь»*.

Мы уже знаем из притчи о богаче и нищем Лазаре,

что богатства на этой земле не являются истинными благословениями. Лазарь был благословен и получил спасение за служение Богу. Здешняя земная жизнь – это всего лишь мгновение, тогда как жизнь в Царстве Небесном длится вечно. Кто с радостью принимает Слово, тот может возрастать в духе.

И понять это могут лишь те, в ком работает Дух Святой. Это возможность не совершать дел плоти и жить в истине. Как сказано в 1-м послании к Коринфянам, 2:14, о том, что от Духа Божия, «надобно судить духовно».

«Судить», в этом случае, – значит делать различие между двумя понятиями. Истина учит нас тому, что правильно, однако те, кто совершают дела плоти, не отличают правильного от неправильного. Они принимают за правду собственные идеи. Только тогда, когда они войдут в духовное измерение, они смогут различить, что на самом деле есть правда.

«Но духовный судит о всем, а о нем судить никто не может» (2:15).

На страницах Библии много раз говорится о том, что мы не должны судить других. О чем же нам говорит данный стих? Словом «духовный» характеризуется человек, живущий по Слову истины. И поскольку он полностью живет по Слову Божьей истины и понимает его смысл, он может судить обо всем.

Что в этом случае значит «судить»? Духовный человек не будет ненавидеть или завидовать кому-либо, он не будет с высокомерием судить о других. Он будет судить о них с любовью.

В Евангелии от Матфея, 7:3-5, сказано: *«И что ты смотришь на сучок в глазе брата твоего, а бревна в твоем глазе не чувствуешь? Или как скажешь брату твоему: „дай, я выну сучок из глаза твоего", а вот, в твоем глазе бревно? Лицемер! вынь прежде бревно из твоего глаза и тогда увидишь, [как] вынуть сучок из глаза брата твоего».*

Здесь говорится о том, что, вынув бревно из собственного глаза, мы сможем лучше разглядеть других. «Вынуть бревно из своего глаза» – значит отречься от всего плотского. Для тех, кто живет в истине, вполне естественно любить Бога и своих братьев. Они не испытывают ни зависти, ни ревности, ни высокомерия. Они смотрят на братьев только с любовью, и только они могут отчетливо увидеть сучок в их глазу. Слово «духовный» в этом стихе относится именно к таким людям.

Кто же может судить духовных людей?

Мирские люди с легкостью судят других. Им неведомы дела духовные, и они всегда уверены в своей правоте. Поэтому они судят духовных людей, считая их безумными.

Фарисеи, книжники и неверующие осудили и обвинили Иисуса. Но, на самом деле, люди, которые не понимают духовных вещей, людей духовных судить не могут.

Это все равно что ученик начальной школы начнет судить о математических способностях студента колледжа. Только тогда, когда этот ребенок сам пойдет в колледж и уровень его образования станет выше, чем у того студента, он сможет судить о его познаниях в математике. Следовательно, духовный человек может судить обо всех, но о нем не может судить человек не духовный.

«Ибо кто познал ум Господень, чтобы [мог] судить его? А мы имеем ум Христов» (2:16).

Можете ли вы учить кого-то, кто является более духовным, чем вы сами? Я спрашиваю, можете ли вы научить чему-либо человека, который лучше вас слышит голос Святого Духа? Если вы скажете «да», то это будет означать, что вы пытаетесь наставлять Самого Бога. Если вы стараетесь поучать человека, который отчетливо слышит голос Святого Духа, то это, по сути, значит, что вы ставите себя выше Бога.

Следовательно, вы должны строго соблюдать установленный в церкви порядок. Если он нарушается, то это дает возможность сатане начать действовать. Вот почему Павел говорит: «Ибо кто познал ум Господень, чтобы [мог] судить его?» Услышав это, верующие могут быть разочарованы, поэтому он говорит в стихе 16-м: *«А мы имеем ум Христов»*. Мы не должны разочаровываться, потому что мы имеем ум Христов.

Дух Святой обитает в нас. Поэтому, если мы живем в истине, мы можем слышать Его голос, чтобы обрести сходство с Господом, стать более духовными и получить возможность сравнивать и судить о вещах духовных. И тогда мы сможем считаться истинными сынами Божьими.

В Послании к Римлянам, 8:14, говорится: *«Ибо все, водимые Духом Божиим, суть сыны Божии»*. Далеко не все, а только те, кто ведом Духом Божьим, являются сынами Божьими. Поэтому давайте войдем в духовное измерение и станем сынами Божьими, которые ведомы Святым Духом.

Глава 3

Вы – храм Божий

— Церковь Коринфа была плотской

— Бог взрастил их

— Мудрый строитель

— Работа каждого

— Разрушение Божьего храма

— Мирская мудрость – это безумие

Церковь Коринфа была плотской

«И я не мог говорить с вами, братия, как с духовными, но как с плотскими, как с младенцами во Христе» (3:1).

Павел сказал: «... я не мог говорить с вами, братия, как с духовными». Из чего становится ясным, что верующие церкви в Коринфе еще не стали людьми духа. Павел не мог говорить с мужчинами и женщинами, как с духовными людьми, поскольку они все еще оставались плотскими. Они дружили с миром и принадлежали плоти.

Описывая людей, которые еще не достигли уровня духа, Павел вынужден был сказать, что он говорит с ними, как «с плотскими, как с младенцами во Христе». Младенцы не могут переваривать твердую пищу. Кормить их едой, которую они не способны усвоить, значит поставить под угрозу их жизнь. Вот почему мы должны питать младенцев молоком.

Точно так же и люди, утверждая, что веруют в Бога, но

при этом оставаясь плотскими, не могут «усвоить» Слово Божье. Они не могут жить по Слову Божьему. И хотя по меркам этого мира их можно признать интеллектуалами, во Христе они – младенцы, не познавшие истины.

«Я питал вас молоком, а не [твердою] пищею, ибо вы были еще не в силах, да и теперь не в силах» (3:2).

Апостол Павел сказал, что он питал их не «твердою пищею», а «молоком». И в первом стихе говорится о том, что верующие церкви в Коринфе были духовными младенцами, которые не могли питаться «твердою пищею». Чтобы они могли усваивать духовную пищу, Павел, по его же словам, давал им только «молоко».

То, что верующие Коринфа все еще оставались плотскими, мы понимаем, читая также первую главу 1-го послания к Коринфянам. Прихожане церкви спорили, говоря «я Павлов», «я Аполлосов», «я Кифин». А это означает, что они не были едиными в истине.

Умей они питаться духовной пищей, они бы с любовью объединились в молитве, следуя воле Божьей и спасая как можно больше душ. Но, поскольку верующие Коринфа все еще были духовными младенцами, которых надо было питать «молоком», они настаивали на своей правоте. А это означает, что их пища не была духовной.

Какую же веру нам следует иметь, чтобы стать стойкими людьми духа?

Если меру веры выразить в процентном соотношении, то к числу духовных можно причислить мужчин и женщин, мера веры которых соответствует 60-ти процентам третьего уровня веры. На 50-процентной отметке они еще могут колебаться то вправо, то влево. Но, достигнув 60-процентного рубежа, верующие станут непоколебимыми и смогут совладать с желаниями плоти. Тогда мы сможем сказать, что они твердо стоят на камне веры. Люди, находящиеся на этой стадии, могут именоваться людьми духа, и они будут тянуться к вещам духовным.

Пожалуйста, оцените себя по шкале от одного до ста процентов. На какой отметке вы находитесь сейчас? Если ваша вера измеряется десятью или двадцатью процентами, то это значит, что вы еще духовный младенец. Как я уже говорил, эти люди могут считаться взрослыми для этого мира, но если они не способны усваивать твердую духовную пищу, то они являются духовными младенцами. Если это так, тогда они должны слушать Слово и старательно исполнять его, чтобы стать более зрелыми верующими.

В духовном смысле, вновь уверовавшие тоже считаются младенцами. Мы должны воспитывать и оказывать им духовную заботу с учетом их меры веры. Допустим, человек, только пришедший в веру, владеет магазином. Поскольку он находится на уровне духовного младенчества, то по воскресеньям он может прийти на утреннее богослужение, а после этого пойти и открыть свой магазин. Если бы его магазин был закрыт по воскресеньям, то его бы благословил Бог. Однако у него нет еще достаточной веры, чтобы понять эту истину.

Если мы скажем такому человеку, что нужно хранить День Господень и что в воскресные дни магазин следует закрывать и весь день находиться в церкви, то это будет ему в тягость, и он откажется делать это.

Поэтому мы должны, шаг за шагом, наставлять его, учить его, как хранить День Господень. Мы можем, например, порекомендовать ему: «Если вы не хотите закрывать магазин в воскресенье, то можете открыть его, но молитесь, чтобы Бог дал вам больше веры. И когда ваша вера возрастет, вы сами захотите закрыть магазин и пойти в церковь». Если человек находится в том состоянии, когда любовь к деньгам сильнее любви к Богу, то мы не должны вызывать у него нарушения «духовного пищеварения».

Если вера его начнет возрастать, то он обретет духовную способность вкушать твердую пищу, и тогда закрыть магазин в воскресенье станет для него нормой. Однако он может поддаться искушению и открыть магазин в дни больших праздников. Пока ему трудно хранить День Господень с радостью. Это та стадия, на которой духовно он питается нетвердой пищей. Мы можем сказать, что люди, находящиеся на этом уровне веры, являются плотскими.

Но, став человеком духовным, владелец магазина закроет его в воскресенье и будет хранить День Господень, даже если это обернется для него убытками. Верующий, будучи человеком духовным, не променяет Царство Небесное на деньги и не нарушит заповеди Божьей ради собственной выгоды. И еще: люди духовные с радостью сделают это, потому что знают, что им не грозят финансовые потери, даже если они не будут работать в воскресенье. Они угождают Богу, храня Его Слово с верой и радуясь тому факту, что они признаны Божьими детьми. О таких людях мы говорим, что они стоят на камне веры.

> «…Потому что вы еще плотские. Ибо если между вами зависть, споры и разногласия, то не плотские ли вы? и не по человеческому ли [обычаю] поступаете?» (3:3)

Апостол Павел, отметив, что верующие церкви Коринфа были все еще плотскими, особое внимание обратил на зависть и раздоры, бывшие между ними.

Зависть порождает враждебность по отношению к сопернику, заставляет думать о том, что кто-то наслаждается привилегиями. Зависть – это горькое чувство, которое провоцирует жестокие конфликты или раздоры. Зависть начинается с жадности и порождает разногласия.

Как уже говорилось, члены церкви в Коринфе говорили,

что они Павловы, Аполлосовы, Кифины или Христовы, порождая зависть и раздоры. Но так было не только в прошлом: зависть и раздоры между прихожанами бытуют в церквях и в наше время.

Например, члены церковной миссионерской группы должны подчиняться руководителю этой группы. Предположим, что лидер был избран за то, что он проявил качества, которые показывают, что его уровень духовности выше, чем у других. Однако если члены группы не подчиняются ему, то в этом случае наличие зависти и раздоров очевидно.

Или, допустим, вы чувствуете некоторое недовольство своим руководителем, думая: «Я знаю намного больше, чем он, и верую я больше, чем он». Что тогда Бог подумает о вас? Богу будет нечего сказать о вас, кроме того, что вы плотский человек, то есть точно такой же, как коринфяне. Следовательно, если у нас есть такие мысли, то от них необходимо немедленно избавиться, став людьми духа.

> «Ибо когда один говорит: „я Павлов", а другой: „я Аполлосов", то не плотские ли вы? Кто Павел? кто Аполлос? Они только служители, через которых вы уверовали, и притом поскольку каждому дал Господь» (3:4-5).

В Деяниях, 4:12, говорится: *«Ибо нет другого имени под небом, данного человекам, которым надлежало бы нам спастись»*. То есть написано, что только через имя Иисуса Христа к нам приходит спасение. Апостолы Павел, Аполлос или еще кто-либо другой могут иметь незаурядную силу, но это не означает, что благодаря им можно получить спасение.

Однако, когда верующие церкви в Коринфе ассоциировали себя с тем или иным человеком, Павел в ответ говорил, что и он, и Аполлос были лишь служителями. Служители – это те, кому кто-то дал поручение, а они лишь его исполняют. Апостолы Павел и Аполлос были Божьими служителями и выполняли работу по спасению душ.

Служители не поступали по своему усмотрению, а все делали по воле Божьей. Следовательно, Аполлос и Павел, пася овец и сея в них семена веры, повиновались воле Божьей о спасении душ. Спасение же приходит только через Христа, поэтому Павел тревожился о верующих из Коринфа, когда они говорили «я Павлов» или «я Аполлосов».

Бог взрастил их

«Я насадил, Аполлос поливал, но возрастил Бог» (3:6).

Аполлос принял Господа раньше, чем Павел, но Бог счел сосуд Павла более пригодным и вознес его выше Аполлоса в способностях демонстрировать силу Божью. Все они были едиными в Боге, но Павел «насадил, Аполлос поливал».

«Насадил» – значит сеял в сердца людей семена веры. С помощью знамений он свидетельствовал о Живом Боге, и люди обретали веру. Таким путем он и насаждал в них семена веры.

Иисус также сеял семена веры с помощью чудес и знамений. Если бы Он не демонстрировал чудес и знамений, то никто бы не поверил в то, что Он является Сыном Божьим, Спасителем.

В Библии рассказывается о многих чудесах и знамениях, явленных Иисусом. В Евангелии от Марка, в 4-й главе, мы читаем о том, как Он утихомирил ветер и морские волны. А в Евангелии от Матфея, 4:23-24, говорится: *«И ходил Иисус по всей Галилее, уча в синагогах их и проповедуя Евангелие Царствия, и исцеляя всякую болезнь и всякую немощь в людях. И прошел о Нем слух по всей Сирии; и приводили к Нему всех немощных, одержимых различными болезнями и припадками, и бесноватых, и лунатиков, и расслабленных, и Он исцелял их».*

Точно так же и ученики Иисуса, включая апостола Павла, сеяли веру, являя чудеса и знамения. Благодаря чему многие люди смогли уверовать в Евангелие и принять его.

Аполлос поливал. Когда семена посеяны, их необходимо поливать. Здесь вода, в духовном понимании, означает Слово Божье. Для того чтобы люди возрастали в вере, пасторы и лидеры церквей должны вооружать их Словом Божьим. И таким образом все факторы, объединившись вместе, будут способствовать достижению Царства Божьего.

Конечно же утверждение о том, что апостол Павел сеял веру, а Аполлос помогал ее росту, не подразумевает, что сеять и поливать – это два разных поручения. Тот, кто поливает, также может сеять веру, и тот, кто сеет веру, может также обеспечить ее водой. Оба апостола – и Павел, и Аполлос – и сеяли, и поливали, просто Павел больше сеял, а Аполлос – поливал.

«Посему и насаждающий и поливающий есть

ничто, а [все] Бог возращающий» (3:7).

Посеянные и затем политые семена будут бесполезными до тех пор, пока их не взрастит сила Божья. Благодаря силе Божьей посеянные семена дают побеги и идут в рост.

Точно так же и в духовном плане. Бог через Своих служителей насаждает семена веры и поливает их, чтобы люди покорялись Слову Его и жили благословенной жизнью. Но и «насаждающий, и поливающий есть ничто». Взрастить их может только Бог. Апостол Павел насадил, а Аполлос поливал, но если бы Бог не взрастил, их усилия были бы бесполезны. Поэтому оба – и тот, кто насаждает, и тот, кто поливает, – должны воздать всю славу Богу.

«Насаждающий же и поливающий суть одно; но каждый получит свою награду по своему труду» (3:8).

Насаждающий и поливающий суть одно, потому что оба они служат Богу. Если семена посеяны неверно, то и поливать их незачем. Только когда служители работают вместе, правильно сеют и поливают, все будет делаться по благодати.

Вот почему написано: «Насаждающий же и поливающий суть одно; но каждый получит свою награду по своему труду». Сосуд каждого отличается от другого. Одни могут демонстрировать знамения, другие проповедовать, кто-то духовно заботится о верующих, восхваляет Бога, работает волонтером. Каждый получит свою награду соответственно своим делам.

Не всех пасторов ждут большие награды, которые будут даны согласно тому, насколько достойно они освящали себя и исполняли свои обязанности. Награды сами по себе не зависят от титулов.

Студенты могут подумать: «Я – студент, и все, что я делаю, – это учусь; как же я тогда смогу получить награду в Царстве Небесном?» Такие мысли безосновательны. Бог и студентам дает поручения. Они могут молиться и поклоняться Богу, хорошо учиться и этим прославить Бога. И еще: если они, где бы они ни были, источают благоухание Христа, удостаиваются похвалы и уважения своих родителей, то это и станет их наградой.

Поскольку у детей тоже есть свои поручения, то у них есть и свои награды в Царстве Небесном. Обязанности детей – это не плакать, придя на богослужение, молиться и не создавать другим трудностей. По этой причине награды детей будут разными, согласно тому, как родители растили их в вере.

Даже пасторы могут подвергнуться строгому суду, если они не будут исполнять возложенной на них обязанности – заботиться о вверенных им душах. Вот почему в Послании Иакова, 3:1, сказано: *«Братия мои! не многие делайтесь учителями, зная, что мы подвергнемся большему осуждению».*

«Ибо мы соработники у Бога, [а] вы Божия нива, Божие строение» (3:9).

Соработники – это те, кто трудятся вместе, делая одно дело. Апостол Павел и Аполлос, трудясь вместе, сея и поливая ради спасения душ и достижения Царства Божьего, были соработниками.

Павел сказал, что «вы Божия нива». Под «нивой» здесь подразумеваются сердца людей. Сердца тех, в ком есть вера, – это нива Божья, о которой мы должны бережно заботиться.

В Евангелии от Матфея, в главе 13-й, «поле» делится на разные категории: доброе, тернистое, каменистое и поле при дороге. Божьи дети должны превратить поле своего сердца в добрую почву.

Павел также сказал, что служители являются «Божьим строением». Дети Божьи, которые приняли Духа Святого, являются Божьим строением, так как Святой Дух обитает в них.

Вот почему в 1-м послании к Коринфянам, 3:16-17, говорится: *Разве не знаете, что вы храм Божий, и Дух Божий живет в вас? Если кто разорит храм Божий, того покарает Бог, ибо храм Божий свят; а этот [храм] – вы*.

Мы являемся нивой Божьей и обителью, в которой пребывает Бог; а раз так, нам следует быть людьми духовными, а не плотскими, которые завидуют и следуют неправде.

Мудрый строитель

«Я, по данной мне от Бога благодати, как мудрый строитель, положил основание, а другой строит на [нем]; но каждый смотри, как строит» (3:10).

Этот стих, в его буквальном смысле, понять совсем несложно. Однако у него есть три важных духовных значения. Это сравнимо с тем, как если бы Слово было кабелем, в котором переплетены три провода.

Буквальное толкование десятого стиха – это первый провод. Он имеет отношение только к апостолу Павлу. Два оставшихся провода можно применить к нам. Если объединить ту часть, которая касается Павла, и те, что имеют отношение к нам, то получится трехпроводной кабель.

Слово «я» здесь относится к апостолу Павлу. До того как он встретил Господа, его звали Савлом. Он был строгим Иудеем, который жестоко преследовал тех, кто верил в

Иисуса.

Он получил официальное разрешение первосвященника арестовывать верующих в Иисуса Христа и приводить их в Иерусалим. По дороге в Дамаск он встретил Иисуса Христа. В Деяниях, в главе 8-й, подробно описывается, как Савл принял Господа.

С того момента, как Савл по пути в Дамаск встретил Господа, он глубоко полюбил Его. В Послании к Римлянам, 8:35-39, говорится: *«Кто отлучит нас от любви Божией: скорбь, или теснота, или гонение, или голод, или нагота, или опасность, или меч? как написано: „за Тебя умерщвляют нас всякий день, считают нас за овец, [обреченных] на заклание". Но все сие преодолеваем силою Возлюбившего нас. Ибо я уверен, что ни смерть, ни жизнь, ни Ангелы, ни Начала, ни Силы, ни настоящее, ни будущее, ни высота, ни глубина, ни другая какая тварь не может отлучить нас от любви Божией во Христе Иисусе, Господе нашем».*

Апостол Павел знал, что самым драгоценным является познание Иисуса Христа. Все остальное, по сравнению с этим, тщетно. Он стал страстным проповедником Евангелия, направляясь туда, куда его посылал Бог.

Он молился в соответствии с волей Божьей. И в Деяниях, 19:12, мы читаем, что, когда на больных возлагали платки и опоясания с тела его, они исцелялись, и злые духи выходили из них.

Апостол Павел был послан в миссионерское

путешествие Антиохской церковью и основал множество церквей. Он проповедовал Евангелие в Коринфе, Галатии и многих других местах.

Он поручал или служителям Божьим, или Его соработникам заботиться о церкви, а сам покидал эти места, чтобы идти дальше, продолжая распространять Евангелие. Тогда он и сказал, обращаясь к тем, кому он поручил заботиться об открытых им церквях: «Я, по данной мне от Бога благодати, как мудрый строитель, положил основание, а другой строит на [нем]; но каждый смотри, как строит».

Павел был мудрым строителем. Он проповедовал Евангелие и свидетельствовал об Иисусе Христе по благодати Божьей. Он заложил основания церквей, после чего призвал пасторов этих церквей распространять весть об Иисусе Христе так же, как это делал он.

Это – первый провод в кабеле, который говорит нам о позиции апостола Павла по отношению к церкви на тот момент. Другие же два провода говорят нам о том, насколько более значима и важна воля Божья сегодня.

Какой второй смысл вложил Бог в этот стих?

Он заключается в том, чтобы дети Божьи, заложив основание, заботливо и старательно продолжали строительство храма своего сердца. И когда мы открываем наши сердца и принимаем Иисуса Христа, тогда в наши сердца входит Святой Дух. После чего мы становимся храмом Божьим, и поэтому Дух Божий живет в нас.

Так, как же мы должны строить этот храм Божий? Прежде, то есть до принятия Святого Духа, мы были строением, которое возводил дьявол. Мы тогда еще не были храмом Божьим. Некоторых может удивить, почему я говорю об этом, однако давайте на мгновение вспомним, какими мы были до того, как приняли Святого Духа.

Наш разум был подстрекаем сатаной, и мы совершали дьявольские дела. Мы получали удовольствие, видя и слушая различные непристойности, посещая неприличные места и совершая аморальные поступки. Мы наслаждались, делая то, что враждебно истине, и поэтому мы были строением, возведенным сатаной.

Но поскольку Бог говорит нам быть святыми, мы, с помощью Духа Святого, начали бороться с грехами. Истина меняет наши сердца. Мы начинаем совмещать свои мысли с истиной и строить свои планы, исходя из истины. Таким образом мы разрушаем строение, возведенное дьяволом, и строим храм Божий.

К примеру, прежде для нас было привычным ненавидеть, сплетничать, завидовать другим. А теперь мы стараемся говорить слова истины, прославлять Бога, молиться Ему, уважать людей. Если когда-то мы посещали богопротивные места, то теперь мы стали ходить в церковь. А наш дом стал местом общения с братьями и сестрами по вере.

Мы стали видеть доброе и истинное. Мы не хотим больше слышать сплетни и оскорбительные слова, сказанные из зависти, а вместо этого мы хотим слышать только Слово истины. Мы хотим общаться пред Богом только в истине.

Меняясь таким путем, мы превращаем свое тело в прекрасный храм истины, то есть в храм Божий. Если правды и неправды в нас пополам, то это значит, что нас наполовину контролирует дьявол. И это означает, что мы на полпути возведения храма. Храм Божий в нас строится по мере того, как мы боремся против грехов, вплоть до пролития крови, и облекаемся в истину.

Когда мы отсекаем от себя все, что враждебно истине, и живем по Слову Божьему, мы можем называться людьми духа. Это значит, что храм в нашем сердце полностью построен. Подобные люди ходят пред Богом и общаются с Ним. Они могут получить все, о чем просят, они обретают Его водительство на пути к процветанию. Поскольку они стали святым храмом Божьим, то все искушения и испытания уйдут прочь, и они будут жить под защитой Бога.

Третий провод в кабеле имеет отношение к церкви в целом. Пасторы всех церквей учат Слову Божьему. Паства будет «питаться» тем, чем ее кормят, и расти духовно.

Одни станут опорными столпами Божьего святилища, другие будут играть роль кирпичей, кого-то можно использовать в качестве краски, но каждый будет частью общего строения.

Если все их участие заключается в посещении церкви, то их можно сравнить с песком и цементом. Следовательно, в очах Божьих важен каждый, даже если он и не занимает никакой позиции в церкви, потому что каждый является частью Божьего святилища.

Независимо от занимаемого положения в церкви, а оно может быть высоким, скромным или его вовсе может не быть, храм Божий будет построен только тогда, когда каждый исполняет свою часть обязанностей. Те, на кого возложена роль опор, поддерживающих строение, обязательно должны выполнять ее, иначе без опоры все здание рухнет.

Помимо опор, есть кирпичи и цемент, нужна краска, чтобы покрасить стены. Здесь все крайне важно. Если краска хоть немного сотрется, то это испортит весь вид. Хорошо построить храм Божий можно только при условии, что каждый достойно делает то, что ему поручено. Это и символизирует трехпроводной кабель, с которым мы сравнивали этот библейский стих.

В десятом стихе говорится: «Я, по данной мне от Бога благодати, как мудрый строитель, положил основание...».

В данном случае под «основанием» подразумевается Иисус Христос. Чтобы стать духовно мудрым, человек должен получить мудрость от Бога, а не обретать ее от мира сего через образование.

Что значит иметь мудрость, данную Богом? Это значит всегда радоваться, неустанно молиться и за все благодарить при любых обстоятельствах. Пребывать в Слове Божьем, очищаться от всех форм зла и становиться освященным – в этом мудрость и воля Божья.

Как мудрые строители, мы должны положить основание с помощью Слова истины Иисуса Христа. То есть нам следует исполнять Слово Божье, чтобы стать людьми духа.

Для строительства здания нам понадобятся строительные инструменты, оборудование и материалы, в частности цемент, кирпичи, древесина. А что же требуется для возведения храма Божьего?

Нужны мы сами: наше сердце, разум и душа. Далее, мы должны наполнить их Словом истины. И еще: мы можем построить свой храм только тогда, когда Святой Дух проделает свою работу, выступая инструментом, необходимым для строительства.

Какие материалы нам понадобятся для строительства храма? Когда мы поем Богу песни хвалы, мы исполняемся верой, благодатью и любовью к Богу. Через молитвы мы можем получить помощь Святого Духа для того, чтобы превозмочь мир и избавиться от всего, что враждебно истине. Исполнение Слова Божьего, восхваление Бога и молитвы становятся материалами для строительства храма Божьего.

Десятый стих продолжается словами: «...а другой строит на [нем]; но каждый смотри, как строит».

Предположим, что пастор церкви, словно мудрый строитель Павел, служит Слову Божьему, положенному на основание, которым является Иисус Христос. Помогающие ему пасторы и другие служители тоже будут проявлять мудрость, направляя паству к познанию истины. Это путь возведения храма, святилища Божьего, по принципу трехпроводного кабеля.

А сейчас давайте представим себе другую ситуацию. Допустим, что пастор хорошо проповедует Слово Божье, но другие служители церкви, питая паству, используют собственные мысли. Это то же самое, что строить замки на песке. Если мы, даже при крепком основании, построим первый этаж из песка, а сверху начнем надстраивать второй этаж, то все равно строение обвалится.

Важна и личность человека, который строит на положенном основании. Поэтому служители церкви, так же как и пасторы, должны строить здание, правильно воспринимая Слово, иначе то, что они делают, будет строительством замков на песке.

Мы не должны возводить храм, святилище Божье, с помощью собственных мыслей. Мы должны ясно слышать голос Святого Духа, для того чтобы храм был достроен до конца.

«Ибо никто не может положить другого основания, кроме положенного, которое есть Иисус Христос» (3:11).

После закладки фундамента – Иисуса Христа, Который является камнем веры, мы не должны больше ничего примешивать к положенному основанию. То есть мы не должны добавлять к нему людские размышления или еще что-либо, базирующееся на теориях, придуманных людьми.

Мудрый строитель

«Строит ли кто на этом основании из золота, серебра, драгоценных камней, дерева, сена, соломы...» (3:12).

Фундаментом, как уже было сказано ранее, является Господь. То есть люди возводят строение на основании, которым является Иисус Христос. Одни строят из золота, другие из серебра или драгоценных камней, из дерева, сена или соломы.

Золото не дает химической реакции при соприкосновении с другими веществами. Оно сохраняет блеск и не меняет своего химического состава. Золото может использоваться для разных целей, ему можно придать различную форму.

Конечно, некоторые могут подумать, что драгоценные камни ценнее золота. Однако драгоценные камни не имеют столь широкого применения, как золото.

Бриллианты, сапфиры, изумруды и другие камни могут иметь прекрасный цвет и сияние, но они становятся бесполезными, когда ломаются. Серебро является менее ценным металлом и не таким красивым, как золото. В соответствии с их применением, Бог считает наиболее ценным золото, а вслед за ним серебро и драгоценные камни.

В Откровении, 4:2-3, говорится: *«И тотчас я был в духе; и вот, престол стоял на небе, и на престоле был Сидящий; и Сей Сидящий видом был подобен камню яспису и сардису; и радуга вокруг престола, видом подобная смарагду»*. Здесь облик Бога сравнивается с ясписом и сардисом. Это сравнение применяется для того, чтобы подчеркнуть красоту Бога. А в стихе, приведенном выше, самым ценным является золото, которое дороже серебра и драгоценных камней.

Следующими, после металлов и драгоценных камней, идут дерево, сено и солома. Павел сравнивает нашу веру с золотом, серебром, драгоценными камнями, деревом, сеном и, наконец, с соломой.

> *«....Каждого дело обнаружится; ибо день покажет, потому что в огне открывается, и огонь испытает дело каждого, каково оно есть»* (3:13).

Что имеется в виду под словами «дело каждого»?
Здесь под «делом каждого» подразумевается то,

что каждый из нас делает для Бога всем своим сердцем, разумением и крепостью. Наша вера может быть подразделена на шесть разных категорий, которые, в свою очередь, зависят от того, какое сердце, какие мысли и душу мы отдаем Богу и насколько мы живем по Слову Божьему. Вера одних, как золото, других – как серебро, которое менее ценно, чем золото. Вера же некоторых сравнима с драгоценными камнями, деревом, сеном и соломой.

Каждая категория, начиная с золота и кончая соломой, различается глубиной и масштабами. Категория веры, сравнимая с сеном, еще дает спасение. Но если наша вера подобна соломе, то мы не можем получить спасения.

Что подразумевается под словом «день»?

«Каждого дело обнаружится; ибо день покажет», что нами сделано. О каком «дне» здесь идет речь?

Во-первых, это день, когда будет оцениваться, насколько хорошо мы исполняли свои обязанности.

Это происходит в конце каждого года. Когда мы исполняем церковные поручения, то некоторые из нас приносят множество плодов, а другие – не очень.

В конце года мы можем отчетливо увидеть, как часто каждый молился и постился, сколько времени уделял своим обязанностям, какую финансовую поддержку оказывал церкви, сколько любви он вложил в других ради Царства Божьего и правды Его. Наши дела будут свидетельствовать о том, что нами сделано, и в соответствии с этим мы получим награды в Царстве Небесном.

Предположим, пастор усиленно молился и духовно заботился о членах церкви. Однако в конце года выяснилось, что доказательств о проделанной работе, как оказалось, нет. Он очень старался, но на деле остался таким же, каким был год назад. И в конечном итоге он не заслужил ни похвалы, ни наград от Бога.

Рядовые члены церкви могут подумать: «Поскольку пасторы работают для Господа весь день, они соберут множество наград, а мы, простые прихожане, сможем заслужить не так уж и много наград на Небесах». Но это не так. Когда пасторы не делают того, что было бы признано Богом, они не получают никаких наград. Их обязанность – спасать души, заботиться о них, а поэтому должны быть четкие доказательства о проделанной ими работе.

Неважно, являются ли верующие студентами, которые учатся, деловыми людьми, которые ведут бизнес, или рядовыми членами церкви, у которых просто есть вера; главное, чтобы все, что они делают, было сделано во славу Божью. Даже если они стараются познать больше или достичь большего благополучия и признания, они должны делать это для славы Божьей. Они могут трудиться на своих рабочих местах, вести бизнес, а на заработанные деньги поддерживать миссионерскую деятельность и совершать благотворительные дела ради Царства Божьего.

Следовательно, Бог оценивает также и действия обычных прихожан, у которых есть светская работа. Если они преданно исполняют свои обязанности, собственной жизнью прославляют Бога, то Бог заметит их дела, и они смогут получить свои награды. Бог желает найти каждого и вынести правильное суждение о каждом человеке в соответствии со Своей справедливостью. Он дает оценку делам, определяя, являются ли они золотыми, серебряными или деревянными.

Во-вторых, слово «день» указывает на время испытания огнем.

Когда мы подвергаемся испытаниям, мы показываем Богу нашу веру. Некоторые демонстрируют веру, подобную золоту или серебру, а другие – драгоценным камням, дереву, сену или соломе.

Что, если человек, имеющий веру-золото, столкнется с большими испытаниями? Даже серьезные проблемы не заставят его поколебаться или упасть. Если золото рассыплется на кусочки, то из них опять можно будет воссоздать его прежнюю форму. Те, у кого есть подобная вера, поднимутся вопреки трудностям, даже если на мгновение покажется, что они падают. Они ни при каких обстоятельствах не будут жаловаться на Бога, а станут только радоваться и за все благодарить Его.

Кого из библейских героев можно назвать в числе тех, кто имел веру, подобную золоту?

Петр, ученик Иисуса, хранил свою праведность в Боге. Даже тогда, когда его распинали вниз головой, он проповедовал Евангелие Иисуса Христа. Правда, было время, когда он трижды отрекся от Господа, но это было до того, как он получил Святого Духа. Однако с того времени, как он принял Дух Святой, он оставался верным до самой своей смерти.

Вспомним Деву Марию, которая зачала Иисуса от Святого Духа. В Евангелии от Луки, 1:31-33, говорится: *«И вот, зачнешь во чреве, и родишь Сына, и наречешь Ему имя: Иисус. Он будет велик и наречется Сыном Всевышнего; и даст Ему Господь Бог престол Давида, отца Его; и будет царствовать над домом Иакова вовеки, и Царству Его не будет конца».*

Это то, что архангел Гавриил сказал Деве Марии о рождении Иисуса Христа. На что она ответила: *«Се, раба Господня; да будет Мне по слову твоему. И отошел от Нее Ангел»* (ст. 38).

По Закону, человека, совершившего прелюбодеяние, следовало забить камнями. Забеременевшую Марию люди осудили бы за супружескую неверность. Однако Мария не испугалась, она просто покорилась. Она обладала верой, подобной золоту.

Постоянным было сердце апостола Павла. С того

времени, как он встретил Господа, и до самой смерти он проповедовал Евангелие язычникам.

В Деяниях, 16:25, говорится: *«Около полуночи Павел и Сила, молясь, воспевали Бога; узники же слушали их»*. Он был арестован за то, что проповедовал Евангелие, однако он не жаловался на Бога. А лишь восхвалял Его и молился Ему.

Павел радовался и благодарил, даже когда глубоко страдал. Поскольку он имел веру, подобную золоту, он был способен служить Господу, не жалея своей жизни.

Вера, подобная серебру, лишь немногим меньше веры, подобной золоту, то есть эта вера также велика.

А как же насчет тех, чья вера, словно драгоценные камни? Когда люди исполняются Божьей благодатью или когда они исцеляются от болезней благодаря Божьей силе, они принимают решение посвятить себя Богу и неустанно проповедовать Евангелие. И тогда, когда люди получают ответы на свои молитвы, они тоже могут утверждать, что хотят жить только для Бога одного.

Когда люди с верой, подобной драгоценным камням, поступают в соответствии с тем, что они исповедуют, то их вера кажется золотой. Однако, столкнувшись с испытаниями, они начнут меняться и будут мыслить иначе. Когда они наполнены Святым Духом, кажется, что их вера крепка, но стоит этой полноте иссякнуть, как их вера ослабевает, а сердце становится другим. Вера, подобная драгоценным камням, какое-то время будет выглядеть прекрасной, но впоследствии она может надломиться. Что тогда говорить о вере, сравнимой с деревом, сеном, соломой? Она не имеет ценности, поскольку вера, относящаяся к этим трем категориям, поглотится очистительным огнем испытаний.

В-третьих, во время Второго Пришествия Господа верующие будут восхищены в воздух, и после этого наступит Судный День, когда все верующие получат от Бога свои награды. **Третье значение слова «день» – это последний день Божьего суда.**

В этот Судный День Бог тщательно измерит веру каждого, определит, в какой степени человек был верным и освященным при жизни на земле, и по итогам этого суда будут определены его награды.

«У кого дело, которое он строил, устоит, тот получит награду» (3:14).

Вера, подобная золоту, серебру и драгоценным камням, сохранится после испытаний очистительным огнем. Даже притом, что их применение и плотность различны, золото, серебро и драгоценные камни не сгорают в огне. Наиболее устойчивым и прочным является золото, за ним следует серебро, а затем идут драгоценные камни.

В отличие от золота, серебра и драгоценных камней, дерево, сено и солома сгорают в огне испытаний. Те, чьи дела, подобно золоту, серебру и драгоценным камням, сохранятся, получат свои награды. Вера, имеющая меньшую ценность, не получит никаких наград.

Если верующие исполняли свои обязанности на этой земле, их заслуги будут признаны и вознаграждены. Если даже они ничем не владели на этой земле, у них будет признание Бога и братьев по вере. А еще у них будут награды, накопленные на Небесах.

Если мы демонстрируем веру, подобную золоту, серебру или драгоценным камням, это означает, что мы прошли через испытания, и Бог не только благословит нас, но и даст награды в Судный день. Мы получим награды в зависимости от того, что из сделанного нами сохранилось после испытаний.

> «А у кого дело сгорит, тот потерпит урон; впрочем сам спасется, но так, как бы из огня» (3:15).

Вера, сравнимая с деревом, сеном или соломой, пройдя очищение огнем, ничего не оставляет после себя. К примеру, вы могли тяжело работать в качестве лидера ячейки, но вы не принесли плодов – в вашей группе не произошло никакого пробуждения. Из этого напрашивается вывод, что ваша вера не была достаточно горячей, а она была, скорее, теплой.

В Откровении, 3:15-16, Господь упрекнул Лаодикийскую церковь за то, что ее вера была теплой. Наш Господь желает, чтобы наша вера возрастала и становилась горячее день ото дня и чтобы мы приносили больше плодов.

Что Библия говорит о тех, чья вера теплая и кто не исполняет своих обязанностей? В Евангелии от Матфея, 25:15-30, есть притча о талантах. Когда одному рабу было дано пять талантов, и он, употребив их в дело, приобрел еще пять талантов, господин похвалил его, сказав: *«Хорошо, добрый и верный раб! в малом ты был верен, над многим тебя поставлю; войди в радость господина твоего»* (ст. 21).

А другой раб, получив один талант, закопал его в землю, никак не использовав его. Тогда господин сказал ему: *«Лукавый раб и ленивый!»* – и, забрав у него талант, отдал тому, у кого было десять талантов, а негодного раба изгнал. Как сказано: «А у кого дело сгорит, тот потерпит урон; впрочем сам спасется, но так, как бы из огня».

Если мы не будем предпринимать совместных усилий, для того чтобы «накапливать» дела, совершаемые для Бога, то это обернется потерями для Царства Божьего. Если лидер ячейки не будет исполнять своих обязанностей, то члены ячейки потерпят урон, их души не будут преуспевать, и они не смогут избежать испытаний.

Точно так же, если пастор не исполняет своих обязанностей, урон потерпит вся паства: их вера ослабеет, некоторые из них усомнятся в вере или столкнутся со многими испытаниями.

Если такое произойдет, Бог станет упрекать их, так как другого выбора у Него не будет. Они все еще могут быть спасены, но это произойдет через очистительный огонь. Это означает, что они по-прежнему могут иметь спасение, потому что не потеряли своей веры и работали для Бога, хотя и не очень усердно. Они могут получить лишь «позорное» спасение, без каких-либо наград.

Разрушение Божьего храма

«Разве не знаете, что вы храм Божий, и Дух Божий живет в вас?» (3:16)

«Вы», в данном случае, относится не только к церкви в Коринфе, но также и ко всем детям Божьим. Являетесь ли вы храмом Божьим? Приняли ли вы Духа Святого?

Божий храм – это Тело Господне. Святой Дух обитает в сердцах тех, кто принял Иисуса Христа как своего Спасителя. Святой Дух касается сердец тех, кто живет в истине, и приводит их к Царству Небесному. Мы зовемся храмом Божьим, потому что Святой Дух обитает в нас.

Тогда почему Павел упрекает их, говоря: «Разве не знаете, что вы храм Божий, и Дух Божий живет в вас?»

Апостол Павел наставлял членов церкви в Коринфе, чтобы они были людьми не плотскими, а духовными. Духовные люди понимают Слово истины, хранят его в своем разуме и применяют на практике. Это те, кто молятся и поклоняются Богу, следуют истине согласно Слову Божьему.

Мы можем обрести веру, подобную золоту, когда отбрасываем все формы зла и делаем добро, когда не лжем, а следуем Слову. Мы должны иметь веру, подобную хотя бы серебру или драгоценным камням. Однако члены церкви в Коринфе не имели такой веры, вот почему Павел и укорял их.

> «Если кто разорит храм Божий, того покарает Бог, ибо храм Божий свят; а этот [храм] – вы» (3:17).

Павел говорит: «Если кто разорит храм Божий, того покарает Бог». Эти слова обращены ко всем верующим. У неверующих же нет связи с Богом, потому что они дети дьявола. Мы не должны говорить о них, так как они не имеют никакого отношения к спасению.

Сегодня многие люди учат не совсем правильно тому, о чем четко говорится в Слове Божьем. Некоторые утверждают: «После того как мы приняли Духа Святого, мы в любом случае получаем спасение. Однажды спасшись, мы остаемся спасенными навсегда. Даже если мы будем совершать греховные поступки, мы все равно будем спасены. Бог, так или иначе, направит нас на путь истинный, пусть даже наказывая, поэтому мы получим спасение». Но это – ошибка. Если мы, уже приняв Святого

Духа, произвольно грешим, мы угашаем Дух Святой, и в этом случае душа не может спастись (Посл. к Евреям, 10:26; 1-е посл. к Фессалоникийцам, 5:19).

Что значит «разорить храм Божий»? Храм – это место, где царит Бог. «Разорить храм» – значит осквернить наши сердца, которые являются обителью Святого Духа.

А где, в таком случае, находятся наши сердца? Внутри нас есть духовное тело, которое выглядит так же, как мы, и оно, в целом, и есть наше «сердце». Совесть – это стандарт справедливости, который формируется с течением времени. Это основа для определения, что является правильным, а что нет.

У новорожденного ребенка совесть отсутствует. Никто не станет говорить ребенку, который плакал всю ночь напролет: «Что с тобой происходит, неужели у тебя нет совести?» По мере роста, в детей сеется все, что они видят, слышат, познают и воспринимают сердцем. Все это, накладываясь одно на другое, превращается в их совесть и стандарты справедливости.

Если они научатся тому, что признак мужественности – это дать сдачи, когда их кто-то бьет, то это станет их стандартом справедливости и ценностью, которую они применят, оказавшись в подобной ситуации. Однако многие составные подобной совести не соответствуют Слову Божьему.

Следовательно, мы должны отбросить все то,

заложенное в наше сердце, что противоречит истине. Мы должны сеять в себя Слово Божье вместо неправды. Мы должны избавиться от такой неправды, как обман, ненависть, осуждение и обвинение, и следовать истине.

Когда мы отступаемся от неправды и следуем истине, тогда наше сердце, которое является храмом Божьим, очищается. Если этого не происходит, то зло остается в нас, а поскольку мы нечисты, то Бог сказал, что мы погибнем.

Однако не следует думать, что мы погибнем только потому, что у нас по-прежнему есть грехи, от которых мы никак не можем избавиться. Грехи могут оставаться в нашем сердце, но если мы неукоснительно будем стараться отречься от них, то наши усилия будут угодны Богу.

Предположим, что у человека очень вспыльчивый характер. Однако он слушает Слово истины, признает себя грешником и с помощью молитв сокращает свои вспышки гнева. Бог не будет считать его грешником. Бог верит в то, что этот человек продолжит меняться, и придет день, когда он совсем перестанет гневаться.

Но если человек, зная, что это грех, тем не менее, не старается избавиться от своей вспыльчивости, Бог отвернется от него. Это подтверждает отсутствие веры в таком человеке. Тот, кто по-настоящему верует, однозначно, будет бороться против грехов, чтобы окончательно избавиться от них.

То же самое и с ненавистью, завистью, ревностью,

ссорами и осуждением. Как только мы выявляем в себе качества, не угодные Богу, и, горячо молясь, стараемся избавиться от них, наше сердце, которое является храмом Духа Святого, станет непорочным и будет сверкать истиной.

Мирская мудрость – это безумие

«Никто не обольщай самого себя: если кто из вас думает быть мудрым в веке сем, тот будь безумным, чтобы быть мудрым» (3:18).

Бог советует нам не обольщать себя. Обольщать себя – значит обманывать свое сердце, то есть пытаться обмануть Святого Духа, живущего в нас, что равнозначно попытке солгать Богу.

Что значит «обольщать себя»? Обольщать себя – значит знать Слово Божье, но не применять его. Люди, которые обманывают себя, фактически пытаются обмануть и Бога. Они не могут найти радости в своей жизни в вере. Они не в состоянии почувствовать, что Слово Божье сладко, как мед. Они просто посещают церковь со смутной надеждой на то, что когда-нибудь наступит тот день, когда они будут жить в истине.

Но Библия говорит нам, что Господь придет скоро, и мы

не знаем, когда Бог заберет наш дух. Мы не должны только надеяться на будущие перемены. Мы должны принять решение и начать жить по Слову с того момента, как услышим его.

Далее стих продолжается словами: «Если кто из вас думает быть мудрым в веке сем, тот будь безумным, чтобы быть мудрым».

Каждый, кто, ориентируясь на критерии мудрости мира, считает себя мудрым, проявляет высокомерие пред Богом. Из-за своей надменности эти люди не будут воспринимать Слово Божье, и это обречет их на погибель. Они не смогут поверить в Слово Божье, поскольку будут ставить свою мудрость выше мудрости Божьей. Они станут рассматривать Слово Божье по своему разумению и мудрости. Поэтому мы должны устранить подобную мирскую мудрость, если она вступает в конфликт с мудростью Бога.

Как уже говорилось ранее, мы не должны полностью исключать знания, обретенные в миру. Но суть в том, что мудрость и знания мира не выведут нас на путь жизни. Только Господь есть Путь, Истина и Жизнь. Знания этого мира – это всего лишь информация, необходимая для продолжения жизни на земле. Они никак не помогут нам встать на путь, ведущий к вечной жизни.

В этом же стихе содержится совет «быть безумным». И

это означает, что мы должны открыть свои сердца, стать, как дети, и применять Слово, как только мы услышим его. Нам следует иметь смирение, простоту и чистое детское сердце. Идя этим путем, мы становимся духовными детьми, мы отрекаемся от собственной мудрости, получаем мудрость Свыше и направляемся к жизни вечной.

Земные вещи тленны, и мудрость мира не может привести нас к вечной жизни. Поэтому и говорится, что быть мудрым – значит отречься от мудрости мира, которая не согласуется со Словом Божьим, стать «безумным» и жить по Слову Божьему.

> «Ибо мудрость мира сего есть безумие пред Богом, как написано: „уловляет мудрых в лукавстве их". И еще: „Господь знает умствования мудрецов, что они суетны"» (3:19-20).

В Евангелии от Луки, в главе 16-й, мы читаем о том, как богач наслаждался ежедневными пирами, роскошными одеждами; однако после смерти он отправился в Нижнюю могилу (Гадес) и, страдая там в огне, не мог получить даже капли воды. Он мог выглядеть мудрым, когда был жив, но, оказавшись в Гадесе, не смог выпросить даже глотка воды. Какая же это боль! И такая жизнь будет длиться вечно; какое же это безумие!

Тот, кто полагает, что у него есть мудрость, тот будет уличен в лукавстве. Лукавство означает хитрость, коварство.

Будучи в плену собственного лукавства, люди говорят глупости, вроде этой: «И где же Бог?» При этом они даже не пытаются найти Бога, веря исключительно в собственную мудрость, что в конечном итоге и приведет их на путь погибели.

И далее сказано, что «Господь знает умствования мудрецов, что они суетны». Мы можем обладать большими знаниями и стать учеными, врачами, изобретателями и заработать огромное состояние, однако в очах Божьих все это – лишь суета.

В Книге Екклесиаста, 1:2-3, говорится: *«Суета сует, сказал Екклесиаст, суета сует, – все суета! Что пользы человеку от всех трудов его, которыми трудится он под солнцем?»* А в стихе 14-м мы читаем: *«Видел я все дела, какие делаются под солнцем, и вот, все – суета и томление духа!»*

И хотя собственными стараниями, своим трудом мы можем приобрести многие вещи, во всем этом нет смысла, потому что только ад ожидает тех, кто не знает Бога. Но если в нас есть жизнь, мы будем прославлять Бога во всем. Тогда наши усилия не будут бессмысленными и приведут нас на путь, по которому мы дойдем до вечного Царства Небесного.

«Итак, никто не хвались человеками, ибо все ваше» (3:21).

Бог говорит: «... никто не хвались человеками». Верующим нечем хвалиться, кроме как Христом. Кто-то может обладать великой мудростью и быть очень знаменитым, однако все это ничто, если в человеке нет жизни. Вот почему Иисус возлюбил мытарей и блудниц больше, чем первосвященников и старцев, в которых была мудрость.

В Евангелии от Матфея, 21:31, Иисус говорит с первосвященниками и другими людьми: *«Истинно говорю вам, что мытари и блудницы вперед вас идут в Царство Божие»*.

Первосвященники и старцы не могли принять Слово, потому что они были надменны и гордились собой, думая, что обладают мудростью. Они даже не признали Спасителя, Который предстал пред их взором. Тогда как мытари и блудницы признавали свои грехи, каялись и получали спасение. Следовательно, хвастовство бессмысленно, и мы должны хвалиться только Господом.

Стих говорит также: *«...ибо все ваше»*. Все принадлежит Богу, но все это также принадлежит и нам, так как Он – наш Отец. Бог отдаст нам все, когда порядок вещей восстановится.

Если истина обитает в человеке, а душа его процветает, то все в этом мире также принадлежит ему. Потому что все будет происходить в соответствии с желаниями его сердца – так, как сказано в Псалме (36:4): *«Утешайся Господом, и Он исполнит желание сердца твоего»*. Бог считает нас

Своим храмом. Таким образом, если мы обретаем сходство с Ним, имея в себе непорочный и чистый храм, то все принадлежит нам.

> «Павел ли, или Аполлос, или Кифа, или мир, или жизнь, или смерть, или настоящее, или будущее, – все ваше; вы же – Христовы, а Христос – Божий» (3:22-23).

Павел, Аполлос и Кифа, которого обычно называют Петром, были рабами Божьими. Поскольку рабами были все, то необходимости в разделении между верующими не было. Мир – наш, поскольку он принадлежит Богу Отцу. И смерть тоже в нас, так как все тела однажды должны умереть.

Так же и в духовном плане – мы следуем по пути жизни, веруя в Иисуса Христа. Если же мы оставляем Бога, то смерть вновь возвращается к нам. Итак, жизнь или смерть – все зависит от нас, все принадлежит нам. То, что есть, и то, что будет, тоже принадлежит нам.

Этот же стих говорит, что мы Христовы, а Христос – Божий. Все создано Иисусом Христом (Посл. к Колоссянам, 1:16). Если мы принадлежим Иисусу Христу, а Иисус Христос – Богу, то это означает, что все верующие принадлежат Богу. И поскольку все находится в ведении Бога, то и мы владеем всем!

Глава 4

Подражайте мне

— Требования к служителям и домостроителям
— В чем оправдание человека?
— «Не мудрствовать сверх того, что написано»
— Подражайте мне
— Сила и возможности, данные Царством Божьим

Требования к служителям и домостроителям

«Итак, каждый должен разуметь нас, как служителей Христовых и домостроителей таин Божиих. От домостроителей же требуется, чтобы каждый оказался верным» (4:1-2).

Здесь под словом «каждый» подразумеваются как верующие, так и неверующие. А кто же тогда служители Христовы? Во-первых, это те, кто источают благоухание Христа, будучи служителями Христовыми и домостроителями таин Божьих.

А также те, кого церковь наделяет обязанностями, титулами или должностями, кто исполняет свой долг детей Божьих и от кого исходит благоухание Христа.

А кто такие домостроители тайн Божьих? Под словом «тайн» здесь подразумевается крестный путь. В 1-м послании к Коринфянам, 2:7, говорится: «...*но проповедуем премудрость Божию, тайную, сокровенную, которую предназначил Бог прежде веков к славе нашей»*. Она является тайной, потому что была сокрыта прежде веков.

Адам был сотворен в качестве живого духа, но его непослушание привело к угасанию духа в нем. И, как результат этого, все человечество было обречено на смерть, которая, как известно, является возмездием за грех. Но Бог Любви еще прежде веков подготовил Иисуса Христа, чтобы открыть человечеству путь к спасению.

Примерно 2.000 лет назад эта тайна была обнародована Иисусом Христом на кресте. Библия содержит множество секретов, которые направляют нас на путь жизни. Тот, кто постигнет эти секреты, тот станет домостроителем тайн Божьих.

О таких «домостроителях тайн Божьих» говорится во втором стихе. Изучая Слово Божье, они воспринимают и понимают повеление Господа, призывающего нас проповедовать Евангелие всем нациям и народам. Они также преподают в воскресной школе, поют в хоре, становятся диаконами, старшими диакониссами или старейшинами и этим вносят свой вклад в распространение Благой Вести.

Таким образом, нам следует не только проповедовать, но также исполнять и другие обязанности в церкви.

Бог обещал венец жизни тем, кто будет верен до смерти (Откровение, 2:10).

Быть верным – значит посвятить все свое сердце, разум, душу и даже жизнь исполнению своих обязанностей. Когда нанятый за деньги работник просто делает то, что ему поручено, его нельзя назвать верным. Он будет им только тогда, когда, не думая о времени и деньгах, станет делать больше, чем должен был делать.

В чем оправдание человека?

> «Для меня очень мало значит, как судите обо мне вы или [как судят] другие люди; я и сам не сужу о себе. Ибо [хотя] я ничего не знаю за собою, но тем не оправдываюсь; судия же мне – Господь» (4:3-4).

Как много или, быть может, мало значит для вас то, что кто-то изучает вас, судит вас? Тот, кто вас судит, тот нарушает Слово Божье и совершает грех. Человек истины, повинуясь Слову Божьему, не будет ни судить, ни осуждать, ни критиковать других.

Хотя вы живете по Слову Божьему, злой человек найдет, за что осудить вас, однако это должно мало значить для вас. Бог не скажет вам, что вы грешник, потому что вы не отклонились от истины. Сатана также не сможет обвинить вас. Вам не в чем каяться.

Тогда почему апостол Павел сказал, что это мало значит для него, но не сказал, что это совсем ничего не значит?

В Евангелии от Луки, 6:27-28, говорится: *«Но вам, слушающим, говорю: любите врагов ваших, благотворите ненавидящим вас, благословляйте проклинающих вас и молитесь за обижающих вас»*.

Поскольку против вас не может быть выдвинуто никакого обвинения, то осуждение мало значит для вас, но тот, кто судит вас, поступает порочно. Поэтому вам следует молиться за него с любовью, чтобы он сошел с пути, ведущего к погибели. Павел тоже должен был молиться о людях, которые его судили, поэтому он сказал, что их осуждение мало значит для него, но не сказал, что оно вовсе ничего не значит.

В стихе 4-м также сказано: «Ибо [хотя] я ничего не знаю за собою, но тем не оправдываюсь; судия же мне – Господь». Если мы живем по Слову Божьему, тогда нас не в чем обвинить. И это означает, что наша жизнь соответствует критериям семи духов.

Эти семь духов олицетворяют сердце Бога и исследуют семь аспектов человеческой жизни. Этими аспектами являются вера, радость, молитва, благодарение, исполнение заповедей, верность и любовь. Семь духов экзаменуют нас, определяя живем ли мы по Слову. И мы должны выдержать этот экзамен, чтобы получать ответы на свои молитвы (Откровение, 5:6).

Когда семь духов будут оценивать нас, то нам не в чем будет себя упрекнуть, если мы будем жить по Слову

Божьему.

Но почему же Павел говорит: «…но тем не оправдываюсь»? Люди могут оправдаться только верой в Иисуса Христа. Эта возможность дана им по благодати Божьей (Посл. к Галатам, 2:16; Посл. к Римлянам, 10:10). В Послании к Римлянам, 3:23-24, сказано: «*…потому что все согрешили и лишены славы Божией, получая оправдание даром, по благодати Его, искуплением во Христе Иисусе*».

Мы не можем быть оправданы без веры. Без нее нам не удастся порадовать Бога. И даже если мы помогаем другим, искренни в своем служении, мы не сможем получить никаких наград без веры.

Только Бог может измерить нашу веру. Люди, в основном, судят по внешним проявлениям, но их суд неверен. К примеру, люди могут подумать, что вера человека велика, только потому, что он старательно работает в церкви.

Однако, если этот человек, не выдержав испытаний, возвращается назад, в мир, то это означает, что он все делал без веры. Если бы он обладал настоящей верой, то он не смог бы оставить Бога, он, в соответствии со своей верой, стал бы приносить плоды. Суд людей не верен, потому что люди выносят приговор на основании того, что видят.

Они могут ошибаться еще и потому, что судят, сообразуясь с мирской мудростью и ценностями, которые враждебны истине. Это все равно, что измерять что-либо сломанной линейкой или неточными весами. Самой верной является система измерений Бога: Он оценивает сердца людей по стандартам истины. Как и сказано, «судия же мне Господь», только Господь и Бог могут судить справедливо и безошибочно.

> «Посему не судите никак прежде времени, пока не придет Господь, Который и осветит скрытое во мраке, и обнаружит сердечные намерения, и тогда каждому будет похвала от Бога» (4:5).

Под словами «прежде времени, пока не придет Господь» подразумевается Второе Пришествие Господа, грядущего на облаках небесных. «Скрытое во мраке» – это грехи и то, что враждебно истине. Все тайное станет явным, когда Господь придет на облаках небесных. Те, кто во тьме, не будут восхищены на Небо. Святость и безупречность сердца каждого из тех, кто будет восхищен на небо, будут выявлены со всей четкостью пред Господом.

О каких «сердечных намерениях» людей здесь идет речь? О намерениях Господнего сердца, которое является истиной. Когда Господь возвратится на облаках небесных, то каждый получит свои награды адекватно своим делам. Каждому воздастся в зависимости от того, насколько он любил Бога, был верен Ему, как он проповедовал Евангелие и молился.

Сказано: «...не судите никак прежде времени, пока не

придет Господь». Церкви сталкиваются с испытаниями, потому что их члены судят других, становятся завистливыми. А между тем, Библия многократно призывает нас не судить брата своего.

«Не мудрствовать сверх того, что написано»

«Это, братия, приложил я к себе и Аполлосу ради вас, чтобы вы научились от нас не мудрствовать сверх того, что написано, и не превозносились один перед другим» (4:6).

Апостол Павел и Аполлос учили Слову Божьему и стали для всех хорошим примером. Только Слово Божье является истинной волей Божьей, и они не хотели, чтобы кто-либо оказался обманутым другими книгами или ложными учениями.

Что именно делали Павел и Аполлос, наставляя верующих? Они учили их тому, что Иисус пришел, чтобы решить проблему наших грехов и показать нам путь к вечной жизни и спасению. Они подчеркивали, что дети Божьи, верующие в это, должны жить благочестиво, по Слову Божьему, и тогда они получат спасение.

Однако некоторые люди противились их наставлениям.

Противостоять же Богу – значит не жить в истине, следовать личным идеям, без учета Слова Божьего.

Нам следует хранить День Субботний, а некоторые думают, что в воскресенье, после посещения утреннего служения, они могут делать все, что им угодно. Библия говорит о том, что нам следует возопить в молитве, однако они думают, что лучше молиться молча, поэтому не взывают громко к Богу.

Когда Давид нарушил Слово Божье, пророк упрекнул его, спросив, зачем он пренебрег словом ГОСПОДА Бога. Если мы делаем то, что сами хотим, по своей воле, то мы перечим воле Божьей.

Человек, противящийся Богу, по сути своей высокомерен. Он сопротивляется Слову Божьему, полагая, что его знания и идеи правильны. Он становится судьей вместо Бога. Какая же это самонадеянность! В Притчах, 16:18, говорится: *«Погибели предшествует гордость, и падению – надменность»*.

> «Ибо кто отличает тебя? Что ты имеешь, чего бы не получил? А если получил, что хвалишься, как будто не получил? Вы уже пресытились, вы уже обогатились, вы стали царствовать без нас. О, если бы вы [и в самом деле] царствовали, чтобы и нам с вами царствовать!» (4:7-8).

Павел спрашивает у верующих церкви в Коринфе: кто «отличает», то есть разделяет их, заставив считать себя Аполлосовыми, Павловыми, Кифиными или Христовыми, кто научил одних превозноситься над другими? Это разделение происходит от высокомерия. А раздоры и разделение – работа сатаны.

Тогда что же отличает Бог? Он отличает грех от праведности, смерть – от вечной жизни и тьму – от света. Бог отделяет правду от неправды. Но Бог не делит членов церкви на группы, говоря им, что одни должны следовать за этим человеком, а остальные – за другим; Он также не превозносит одного над другим.

По сути, Павел сказал членам церкви в Коринфе, которые не следовали его наставлениям: «Я учил вас истине, так отчего же вы не принимаете ее? Я учил вас, показав вам пример. А вы ведете себя так, будто вы не получили истину».

И еще он сказал: «А если получил, что хвалишься, как будто не получил?» То есть Павел говорит, что Коринфяне не жили в праведности и вели себя, как мирские люди. Он говорит о том, что они поддались козням сатаны. А что касается хвастовства, то он спрашивает: как же могут они хвалиться друг перед другом мирскими вещами, когда чадам Божьим следует хвалиться только Господом?

Если мы стремимся к тому, чтобы жить в истине, то нам следует испытывать голод и жажду по праведности.

Представьте, как сильна будет ваша жажда в жаркий летний день, когда вы обливаетесь потом. Случается, что после напряженных учений солдаты, испытывая сильную жажду, пьют прямо из пруда. Чувство жажды настолько невыносимо, что их даже не заботит, чистую они пьют воду или нет.

Когда же вы испытываете жажду и голод по истине, то становитесь смиренными и служите другим. Однако верующие церкви в Коринфе больше любили мир, чем изучали истину. Они были надменны и хвалились приобретенными ими мирскими знаниями, богатством и мудростью.

Итак, в восьмом стихе мы читаем: «Вы уже пресытились, вы уже обогатились, вы стали царствовать без нас». Насколько же высокомерны были те Коринфяне, которые думали, что были подобны царям! Они не алкали и не жаждали праведности с нищим сердцем, а наоборот, они пресытились и обогатились. Их действия противоречили истине.

В церкви существует порядок, установленный Богом. Но члены церкви в Коринфе вели себя так, будто бы они были царями. Поэтому Павел, укоряя их, сказал, что они поступали так, будто бы не получили истины. Если за услышанным нами Словом не последует дел, то нашу веру можно считать мертвой.

Когда же мы можем царствовать, словно настоящие цари?

В Откровении, 20:6, сказано: *«Блажен и свят имеющий участие в воскресении первом: над ними смерть вторая не имеет власти, но они будут священниками Бога и Христа и будут царствовать с Ним тысячу лет»*.

Те, кто приняли Иисуса Христа как своего Спасителя, будут восхищены на Небо во Второе Пришествие Господа. Они будут участвовать в Семилетнем Брачном Пире на Небесах. А после его окончания они вернутся на землю и будут царствовать с Господом во время Тысячелетнего Царства.

Думая об этом, Павел сказал: *«... О, если бы вы [и в самом деле] царствовали, чтобы и нам с вами царствовать!»* Он рекомендует верующим Коринфа не вести себя, как цари, с тем, чтобы получить спасение и царствовать во время Тысячелетнего Царства.

Апостол Павел был человеком, который жил в истине, знал истинную волю Божью и четко осознавал, какой путь ведет к спасению и вечной жизни. Следовательно, Павел должен был поступать как царь, ведя за собой людей к жизни в истине. Однако члены церкви в Коринфе были высокомерны и вели себя, как цари, заявляя, что «только это справедливо», «только так правильно».

Все это не имело отношения к тому, чему учил их Павел, поэтому он сказал, что, продолжая вести себя подобным образом, они не смогут править в период Тысячелетнего Царства.

Павел говорит, что то, чему он учит их, – это истина,

и только тогда, когда они примут ее и станут применять на практике, они будут восхищены на Небо и будут царствовать, когда наступит Тысячелетнее Царство.

> «Ибо я думаю, что нам, последним посланникам, Бог судил быть как бы приговоренными к смерти, потому что мы сделались позорищем для мира, для Ангелов и человеков» (4:9).

Есть два типа мышления. Одно является духовным, другое – плотским. Когда человек сердцем воспринял истину и она стала его мыслями, тогда эти мысли будут духовными. У людей, живущих по Слову Божьему, то есть у тех, кто являются людьми духовными, помышления всегда будут духовными, благодаря полученному ими вдохновению от Святого Духа. И напротив, сердца тех, кто не живет по истине, усваивают неправду с помощью мыслей, которые дает сатана. Так появляются плотские помышления.

Павел сказал: «Я думаю...», и его мысли, в данном случае, не плотские, а духовные. Они не выражают его личное мнение, а вдохновлены Духом Святым. Поэтому слова «я думаю» здесь являются истиной.

Апостол – это раб Божий, который исполняет волю Божью. Библия также указывает нам на истинный путь для истинных служителей. В 3-й книге Царств, 19:21, говорится: *«Он, отойдя от него, взял пару волов и заколол* их и, зажегши плуг волов, изжарил мясо их, и роздал людям, и они ели. А сам встал и пошел за Илиею, и стал служить ему».

Как же это было с учениками Иисуса? В Евангелии от Матфея, 4:18-22, рассказывается, что, когда Иисус призвал Иоанна и Иакова стать Его учениками, они оставили лодку, сеть и своего отца и последовали за Иисусом. В Послании к Галатам, 1:16, Павел говорит, что он не стал «советоваться с плотью и кровью», когда Иисус призвал его стать Его апостолом.

Точно так же истинные рабы Божьи должны полностью подчиняться Слову. Чтобы стать непорочным и освященным человеком духа, необходимо полностью покориться Богу и поступать по воле Его.

Пусть даже вы и не являетесь пастором или служителем, но если вы полностью следуете воле Божьей, то Бог признает вас духовным апостолом. Подобные люди будут являть мощные деяния Божьи. И примерами того являются Филипп и Стефан.

Павел продолжает, говоря: «...Бог судил быть как бы приговоренными к смерти, потому что мы сделались позорищем для мира, для Ангелов и человеков».

В наши дни, прежде чем привести приговор в исполнение, к осужденному проявляют великодушие: ему дают одежду, сигареты и спрашивают о его последнем желании. Но во времена Ранних церквей над приговоренными к смерти издевались, их пытали. Люди относились к ним бесчеловечно.

Их скармливали голодным львам, презирали, в них плевали, забрасывали камнями. Апостолов обезглавливали и распинали. Других привязывали к разлагающимся трупам, и они вдыхали зловоние до тех пор, пока сами не умирали. Как же велики были их боль и страдания!

Апостолы знали о своем конце. Они знали, что умрут жалкой смертью после того, как станут свидетельствовать о Воскресении Иисуса Христа. Вот почему Павел сказал: «...Бог судил быть как бы приговоренными к смерти, потому что мы сделались позорищем для мира, для Ангелов и человеков».

Кто контролирует этот мир? Его контролирует Бог. Он управляет им с помощью Своих ангелов. Так что, не только Бог, но и ангелы знали, когда апостол Павел и другие ученики, терпя злобу и насмешки, будут убиты.

Люди смеялись над апостолами, говоря: «Вы демонстрировали чудеса и знамения, почему же вы не можете спасти себя от страданий?» Когда Павел умер, он тоже стал позорищем для людей.

Что Павел, Петр и другие апостолы чувствовали перед смертью?

Они знали, какая смерть их ждет. Петру было известно, что его распнут вниз головой. Павел знал, что его предадут в руки язычников, когда он пойдет в Иерусалим. Но, тем не менее, он пошел туда без страха, потому что знал, что такова была воля Божья (Деяния, 21:7-14).

Бог дозволил написать об этом в Библии, так как образ мыслей людей, которых должны убить, крайне важен. Какие же чувства они испытывали, делая Божье дело и зная, что это навлечет на них верную смерть?

Мы можем понять их сердца с помощью Библии. Они благодарили и восхваляли Бога даже тогда, когда их били. Они становились добычей льва и все же радовались и прославляли Бога. Так что же этот стих означает? В Евангелии от Матфея, 5:11-12, говорится: *«Блаженны вы, когда будут поносить вас и гнать и всячески неправедно злословить за Меня. Радуйтесь и веселитесь, ибо велика ваша награда на небесах: так гнали и пророков, бывших прежде вас».*

Апостолы знали, что жизнь в этом мире кратковременна и бессмысленна. И они искали лишь Небесных наград. Вот почему они могли радоваться в любой ситуации. Это и есть вера. Как же вы можете не радоваться, если получите множество наград, будучи гонимыми за имя Господа?!

Но апостолы знали время, когда они будут убиты, и переживали, что оно приближалось. Не потому, что они боялись смерти, а потому, что отчаянно хотели спасти как можно больше душ в отведенное им время.

Вот почему они исполняли свои обязанности всей своей жизнью, считая, что это их долг – показать людям Бога Живого. Они должны были распространить Благую Весть и спасти хотя бы еще одну душу.

Как поступал Иисус? В Послании к Евреям, 12:1-2, сказано: *«Посему и мы, имея вокруг себя такое облако свидетелей, свергнем с себя всякое бремя и запинающий нас грех и с терпением будем проходить предлежащее нам поприще, взирая на начальника и совершителя веры Иисуса, Который, вместо предлежавшей Ему радости, претерпел крест, пренебрегши посрамление, и воссел одесную престола Божия».*

Это позор, что над Сыном Божьим Иисусом насмехались, Его презирали и распинали те, кого Он сотворил. Разве это не стыдно, когда мастера бьет его же собственный раб?

И тем не менее, Иисус добровольно принял крест ради нашего спасения и воссел одесную Божьего престола. Мы должны исполнять волю Божью так же, не думая о том, какой позор это может навлечь на нас.

Подражайте мне

«Мы безумны Христа ради, а вы мудры во Христе; мы немощны, а вы крепки; вы в славе, а мы в бесчестии» (4:10).

Здесь слово «мы» относится к апостолу Павлу, его соработнику Аполлосу и служителям Божьим, которые признаны Богом. И, более того, это относится ко всем, кто верует и живет по Слову Божьему.

Тогда почему же Павел говорит, что он безумен ради Христа?

Это означает, что он выглядит безумным лишь в глазах неверующих или тех, кто кажется верующим, но не живет по Слову Божьему. Например, если человека ударить по щеке, то он разозлится. Но те, в ком есть вера, смирятся с этим и постараются понять случившееся, даже если они невиновны. Они поступают так, следуя Слову Божьему, которое велит нам, когда нас ударили по одной щеке, обратить и другую. Поэтому, живя по Слову Божьему, в глазах остальных людей мира мы выглядим безумными.

Павел, продолжая наставлять членов церкви в Коринфе, говорит: «Мы безумны Христа ради, а вы мудры во Христе».

Если бы члены Коринфской церкви были способны подставлять левую щеку, когда их ударяют по правой, то мирские люди сочли бы их безумными.

Далее в стихе сказано: *«…мы немощны, а вы крепки»*. Апостолы были немощны, следовательно, живущие по Слову Божьему – немощны, а те, кто не жил в истине, были крепки.

Павел подчеркивает, что поскольку они не жили в истине, то думали, что могут добиться всего собственными силами, однако это была лишь одна видимость силы.

Давайте рассмотрим жизнь Иисуса. Во 2-м послании к Коринфянам, 13:4, говорится: *«Ибо [хотя] Он и распят в немощи, но жив силою Божиею; и мы также, хотя немощны в Нем, но будем живы с Ним силою Божиею в вас».*

Благодаря Иисусу слепые прозревали, парализованные начинали ходить, прокаженные исцелялись, глухие начинали слышать и даже мертвые воскресали. Более того,

Он усмирял ветры и волны по слову Своему. Он был весьма сильным человеком.

Но тогда что означают слова «Он распят в немощи»?

Если бы Иисус показал Свою силу, то никто не смог бы Его распять. В ночь Его ареста Петр отсек мечом ухо раба первосвященника (От Марка, 14:47). Однако Иисус сказал: «Возврати меч твой в его место». Он дотронулся до уха раба и исцелил его. Тогда Иисус напомнил Петру, что Он мог умолить Отца Своего, и Он прислал бы более двенадцати легионов ангелов (От Матфея, 26:53).

Иисус был способен сразу же разогнать всех этих людей, не будь воли Божьей на то, чтобы Он был арестован. У Иисуса было достаточно силы, но Он не употреблял ее в собственных интересах, а использовал только для того, чтобы исполнить волю Божью.

Сын Божий Иисус был могущественным, но он стал немощным, покорившись воле Божьей. Он сделал это для того, чтобы искупить наши грехи. Если бы Он показал Свою мощь, то распять Его было бы невозможно. Он стал немощным по воле Божьей, так как мы могли получить спасение лишь при условии, что Он заплатит за наши грехи Своим распятием.

Павел и другие апостолы тоже должны были быть немощными во имя спасения душ. Павел сказал: *«И был я у вас в немощи и в страхе и в великом трепете* (1-е посл. к Коринфянам, 2:3); *«Если должно мне хвалиться, то буду хвалиться немощью моею»* (2-е посл. к Коринфянам, 11:30).

Чем хвалитесь вы? Станете ли вы хвалиться своей силой? Я надеюсь, что вы будете хвалиться своими немощами в Господе. Если мы останемся крепкими, мы станем высокомерными, и тогда проявится наша самоправедность. Мы должны быть немощными в истине, чтобы смиренно служить другим и считать их лучше себя. Нам следует стать немощными, так как мы должны побеждать зло добром.

Однако нам следует помнить, что, если даже кто-то ударит нас, мы должны понять его и обратить к нему и другую щеку. Мы обязаны не допускать ничего такого, что бесславит Бога.

В Евангелии от Иоанна, 2:14, Иисус обнаружил, что люди торговали волами, овцами и голубями в храме. Там были также и меновщики денег, сидевшие за своими столами. Иисус, сделав бич из веревок, выгнал из храма всех, вместе с овцами и волами; Он рассыпал деньги меновщиков, а столы их опрокинул.

Иисус – такой кроткий, Он – сама Любовь, но Он не мог смириться с тем, что в храме велась купля-продажа, которая бесчестила Отца. Следовательно, мы должны правильно понимать истину и быть нетерпимыми ко всему, что бесславит Бога или церковь, которая является Телом

Христовым.

Павел продолжает говорить членам Коринфской церкви: «...вы в славе, а мы в бесчестии». Апостолы в то время были действительно в бесчестии, они были гонимы, временами их побивали камнями, избивали и презирали.

С верными рабами Божьими и сегодня происходит нечто подобное. Если мы демонстрируем знамения и чудеса, то враг дьявол тоже не будет бездействовать. Он попытается воспрепятствовать работе Бога.

К тому же некоторые верующие завидуют, лишаются покоя сами и расстраивают других из-за того, что они не могут осуществлять Божью работу. Рабы Божьи, или чада Божьи, по разным причинам могут быть поставлены в крайне безотрадную ситуацию, как это было во времена Павла.

«Христовы служители? в безумии говорю: я больше. Я гораздо более [был] в трудах, безмерно в ранах, более в темницах и многократно при смерти. От Иудеев пять раз дано мне было по сорока [ударов] без одного; три раза меня били палками, однажды камнями побивали, три раза я терпел кораблекрушение, ночь и день пробыл во глубине [морской]; много раз [был] в путешествиях, в опасностях на реках, в опасностях от разбойников, в опасностях от единоплеменников, в опасностях от язычников, в опасностях в городе, в опасностях в

пустыне, в опасностях на море, в опасностях между лжебратиями, в труде и в изнурении, часто в бдении, в голоде и жажде, часто в посте, на стуже и в наготе» (2-е посл. к Коринфянам, 11:23-27).

Обычно, тот, кто сильнее, побьет другого. Насколько же немощен был Павел? Из-за слабости его много раз били, он много страдал, с ним плохо обращались. Его били, потому что он был не в чести.

Павел голодал, испытывал жажду, холод и наготу, но он мог снести все. Он говорил, что для него имеет значение только забота о церквах.

«Кроме посторонних [приключений], у меня ежедневно стечение [людей], забота о всех церквах. Кто изнемогает, с кем бы и я не изнемогал? Кто соблазняется, за кого бы я не воспламенялся? Если должно мне хвалиться, то буду хвалиться немощью моею» (2-е посл. к Коринфянам, 11:28-30).

Павел хвалился своей немощью. Нам тоже следует хвалиться немощью, а не силой.

«Даже доныне терпим голод и жажду, и наготу и побои, и скитаемся, и трудимся, работая своими руками. Злословят нас, мы благословляем; гонят нас, мы терпим; хулят нас, мы молим; мы как сор

для мира, [как] прах, всеми [попираемый] доныне» (4:11-13).

Слова «терпеть голод и жажду» здесь имеют духовное значение. Речь идет не о физическом чувстве голода и жажде. Они голодали и испытывали жажду не потому, что Бог их ничем не обеспечивал.

К примеру, есть верующие, которые терпят голод и жажду, будучи вполне состоятельными. Люди, подобные им, не стремятся тратить свои средства на себя, а стараются как можно больше отдать Богу ради Его Царства, на миссионерскую работу, на строительство церкви и так далее.

Павел проповедовал Евангелие и в то же время трудился. Тогда Евангелие совсем не было распространено, и ему приходилось открывать церкви во времена, когда человек мог навлечь на себя смертельную опасность, просто веруя в Иисуса Христа. Поскольку он должен был распространять Благую Весть там, где никто не знал об Иисусе Христе, то никто и не ждал его там.

Вот почему апостол Павел, проповедуя Евангелие, в то же самое время своими руками зарабатывал себе на жизнь. Однако, когда его злословили, он благословлял, и когда его гнали, он терпел.

Быть объектом злословия – значит подвергаться словесным оскорблениям. Библия говорит нам радоваться и веселиться, когда нас гонят за имя Господа (От Матфея, 5:11-12).

В Евангелии от Матфея, 5:44, сказано: *«А Я говорю вам: любите врагов ваших... и молитесь за обижающих вас и гонящих вас»*.

В тринадцатом стихе говорится: «...хулят нас, мы молим». Это означает, что, когда другие хулят, то есть бранят нас, мы должны любить, благословлять и помогать им понять.

И тогда мы обретем мир, избежав козней сатаны против нас. Когда же есть чувство мира, тогда мы можем радоваться и благодарить. Нам не следует обижаться или унывать из-за кого бы то ни было.

Когда апостолы поступали так, они были словно сор для мира, словно прах. Что под этим подразумевается?

Люди растят своих домашних питомцев – собак, птиц, заботливо выкармливая их. Те же, кто любит растения и цветы, оберегают зеленые насаждения от вредных насекомых, поливают их, удобряют землю, удаляют сорняки. Они любят эти растения, потому что созерцание их приносит разуму радость и покой.

Но апостолов не любили, их злословили, гнали, оскорбляли и били. Их считали сором, прахом. Даже животные и растения были окружены любовью и заботой людей; к апостолам же относились, как к отбросам этого мира.

Они должны были быть любимы, так как помогали людям в решении их проблем. Они проповедовали им Слово и исцеляли их недуги. Однако взамен благодарности они получали побои, их осуждали как еретиков. Чтобы избежать гонений, они должны были постоянно перемещаться. Вот почему Павел сказал, что они были, как сор для мира, как прах.

> «Не к постыжению вашему пишу сие, но вразумляю вас, как возлюбленных детей моих. Ибо, хотя у вас тысячи наставников во Христе, но не много отцов; я родил вас во Христе Иисусе благовествованием» (4:14-15).

Апостол Павел далее объясняет причину, почему он пишет это послание. Он делает это не для того, чтобы постыдить верующих Коринфской церкви, а наставляет их как духовный отец.

Стих пятнадцатый гласит: «Ибо, хотя у вас тысячи наставников во Христе, но [не много] отцов; я родил вас во Христе Иисусе благовествованием».

Отец будет кормить своих детей, станет опекать и воспитывать их до тех пор, пока они не вырастут. Он будет обеспечивать своих детей всем жизненно необходимым. Тот же, кто является просто учителем, но не отцом, ответственен только за то, чтобы научить.

То же можно сказать и о сегодняшнем дне, когда в церквях

множество учителей, но не многие из них являются отцами. То есть пасторов, которые учат Слову Божьему, достаточно много. Однако среди них слишком мало духовных отцов, которые были бы совершенными мужами истины, способными взять на себя ответственность за то, чтобы сеять семена веры и взращивать их, наставлять верующих и руководить ими до тех пор, пока они не повзрослеют.

Апостол Павел сказал: «...я родил вас во Христе Иисусе благовествованием». Означает ли это, что Павел стал духовным отцом верующих церкви Коринфа? Да, он стал отцом верующих в Коринфе, потому что он родил их благовествованием.

Эмбрион формируется при слиянии спермы и яйцеклетки. Затем организм матери обеспечивает его питанием для формирования костей, сухожилий, глаз, носа, рта, волос, рук и ног. Мать должна вынашивать плод до его созревания девять месяцев. Слово «родить» означает непосредственно не только сами роды, но и процесс, связанный с воспитанием ребенка.

Что же, в таком случае, означает дать рождение во Христе Иисусе благовествованием?

Когда мы принимаем Иисуса Христа и получаем в дар Святого Духа, тогда наше сердце обретает семя жизни. Точно так же, как семя, посеянное в землю, прорастает, зацветает и в конечном итоге дает плоды, семя жизни, вложенное в наши сердца, со временем пойдет в рост.

Через что же должен пройти верующий в процессе роста? Те, кто только приняли Господа и получили в дар Святого Духа, подобны новорожденным младенцам. Их мера веры минимальна, но она будет возрастать с помощью Слова Божьего. И когда новорожденные подрастут, они обретут веру детей, затем – юношей и, наконец, отцов (1-е посл. Иоанна, 2:12-14).

Поначалу, услышав то, что написано в Библии, они могут и не понять сразу, но постепенно Слово Божье станет им доступно.

Прежде их глаза видели, а уши слышали только все мирское. И они своими руками делали то, что делать было не очень хорошо. Теперь же они наслаждаются тем, что видят, слышат и делают все только в истине. Они стараются думать позитивно, строить добрые планы и говорить только о хорошем.

Что стало причиной подобных перемен? Они начинают понимать проповедуемое Слово Божье, и это меняет их жизнь. Плотские люди становятся духовными, что и означает рождение через благовествование, о котором говорил Павел.

Конечно, нашим единственным духовным отцом является Бог Отец. Однако мы можем звать «духовными отцами» и тех, кто родил нас через благовествование. То есть Бог – наш изначальный Отец, но служители Божьи, которые, благовествуя, дают нам жизнь и растят нас в духе, тоже могут стать нашими духовными отцами. Хотя конечно же они находятся на разном уровне.

«Посему умоляю вас: подражайте мне, как я Христу» (4:16).

В 1-м послании к Коринфянам, 11:1, Павел говорит: *«Будьте подражателями мне, как я Христу»*. Такое наставление дается при определенных обстоятельствах.

Если отец может с уверенностью сказать, что жизнь его успешна и добропорядочна, то как он будет воспитывать своих детей? Скорее всего, он будет советовать им брать пример с него.

Но предположим, что отец не является настоящим примером для подражания. Он пьяница и драчун. Тогда, вероятнее всего, он должен будет сказать детям, чтобы они брали пример с того, кто более достоен, чем он.

Апостол Павел с сердцем уверенного в себе отца рекомендовал верующим Коринфа: «Будьте подражателями мне...». Он мог советовать это Коринфянам, потому что сам подражал Христу.

Смысл этого стиха таков: «Любите Бога безмерно – так же, как я люблю Его; будьте преданны ему вплоть до смерти – точно так же, как предан Ему я». Так, как же любил Бога апостол Павел?

Как говорилось в 1-м послании к Коринфянам, 4:10, он

стал безумным Христа ради. Ради Христа он стал немощным, был в бесчестии, он выносил жажду и голод, побои и наготу, но когда его гнали, он терпел и молился за своих преследователей, он благословлял тех, кто его злословил.

Павел все это делал, следуя истине. Он имел право сказать: «Будьте подражателями мне», потому что он обитал в Слове Божьем, любя Христа и имея характер Иисуса Христа.

То есть, если вы подражаете Павлу, то это означает, что вы подражаете Христу. Если вы подражаете характеру Христа, то это означает, что вы обретаете характер Бога и, более того, становитесь причастниками Его Божественного естества (2-е посл. Петра, 1:4).

Это похоже на то, как ученики Иисуса просили Его показать им Бога. И Иисус в ответ на это сказал им, что тот, кто видел Его, тот видел и Отца. Он сказал так, потому что, следуя исключительно воле Божьей, Иисус уподобился Богу. Любя Бога и живя в истине, мы тоже должны быть способны смело призвать других стать нашими подражателями.

> «Для сего я послал к вам Тимофея, моего возлюбленного и верного в Господе сына, который напомнит вам о путях моих во Христе, как я учу везде во всякой церкви» (4:17).

Павел говорит о Тимофее, как о своем «возлюбленном

и верном в Господе сыне», потому что Павел очень любил Тимофея и взрастил его в Слове истины. В ответ на это Тимофей верно следовал примеру апостола Павла и жил в истине.

Павел послал Тимофея вместо себя в Коринф наставлять верующих этой церкви тому же, чему он и сам учил в других церквях. Здесь слова «как я учу везде, во всякой церкви» означают, что во всех церквях обучали одному и тому же, то есть Слову Божьему и крестному пути. Он свидетельствовал о Воскресении Иисуса Христа и собственными делами доказывал истинность Слова.

И что означают слова о том, что Тимофей «напомнит вам о путях моих во Христе, как я учу везде во всякой церкви»? Тимофей в делах своих брал пример с Павла и учил тому, чему он научился у Павла.

Например, апостол Павел не только учил их тому, что, пребывая в посте и молитве и взывая к Богу, они могут получить Божьи ответы. Он сам делал то, чему наставлял других. И Тимофей поступал так же: он тоже делал то, что советовал делать другим. Павел помогал бедным и ободрял тех, кто сталкивался с испытаниями и трудностями. Тимофей совершал те же поступки, поддерживая нуждающихся и верующих, оказавшихся в трудном положении.

Тимофей во всем следовал примеру Павла. Поэтому во время отсутствия апостола Павла верующие церкви в Коринфе помнили о нем, видя действия Тимофея.

Сила и возможности, данные Царством Божьим

«Как я не иду к вам, то некоторые [у вас] возгордились; но я скоро приду к вам, если угодно будет Господу, и испытаю не слова возгордившихся, а силу» (4:18-19).

Апостол Павел основал церковь в Коринфе и отправился в миссионерское путешествие по Азии. Но со временем некоторые верующие этой церкви возгордились. Они думали, что Павел никогда не вернется, и стали вести себя, словно они цари. Они не проявляли уважения к тем, кто по заведенному в церкви порядку занимал более высокое положение.

По сути, каждый должен помнить об этом, потому что подобное происходит и в наши дни. Мы можем даже и не подозревать, что надменность пустила в нас корни. И когда это примет более серьезный оборот, это станут замечать и другие, однако сам человек уже не будет способен осознавать это.

Следовательно, мы всегда должны оценивать себя сквозь призму Слова Божьего. Кто занимает менее высокую позицию в церкви, должен уважать тех, кто старше по должности. Даже лидерам не следует все решать и делать самим – так, как им этого хочется.

Девятнадцатый стих говорит о сердце Павла, озабоченного фактом того, что члены Коринфской церкви возгордились. Они становились препятствием для Царства Божьего и бесчестили Бога. Павел хотел навестить их сразу же, чтобы решить эту проблему, но это было не так просто, поскольку сам он находился в Эфесе.

Павел прекрасно знал из опыта, что он ничего не мог бы сделать по собственной воле, если бы только Бог этого не дозволил. Когда он хотел пойти в Азию проповедовать Евангелие, Дух Святой остановил его. В видении Павел увидел Македонянина, который попросил его: «Приди в Македонию и помоги нам». После чего он тут же изменил свой курс и направился в Европу (Деяния, 16:6-10).

Все дети Божьи могут слышать голос Святого Духа в той мере, в какой они очищают свое сердце от неправды и взращивают в нем истину. Тогда, вместо того чтобы следовать собственным мыслям, мы должны будем следовать голосу Святого Духа, как только услышим его.

Но если мы, даже слыша голос Святого Духа, будем пытаться принимать решения, основываясь на собственных мыслях, теориях и опыте, то Бог не сможет привести нас к успеху. В этом случае, если мы сразу же осознаем, что избранный нами путь не совпадает с волей Божьей, покаемся и сойдем с этого пути, то сможем избежать искушений и испытаний, и Бог все обернет нам во благо.

Но во многих случаях те, кто не слышат голоса Святого Духа или не повинуются ему, продолжают поступать сообразно собственным идеям; однако им не удается полностью реализовать свои планы. Даже тогда, когда Святой Дух стенает в них и они чувствуют скорбь в своем сердце, они не принимают этого всерьез и продолжают идти своим путем. Тогда им придется столкнуться с трудностями.

Павел далее говорит: «Но я скоро приду к вам, если угодно будет Господу, и испытаю не слова возгордившихся, а силу». Сила, в данном случае, имеет несколько другое значение, чем та сила, о которой говорилось в двадцатом стихе. Здесь слова «я испытаю...силу» означают, что Павел хотел убедиться, насколько верными они являются на деле. Чтобы мы жили по Слову Божьему, нам следует получить Божью силу, которая превосходит наши собственные усилия.

Подумайте, пожалуйста, о том времени, когда вы впервые приняли Господа и получили Божью благодать. Приняв Христа и получив Святого Духа, мы начинаем изучать Слово Божье. В это время мы решаем для себя, что будем жить по Слову Божьему, но на практике нам это дается нелегко. У нас есть желание следовать Слову, но нет сил сделать это.

Если мы будем неустанно молиться, то сможем получить благодать и силу Свыше, чтобы постепенно, шаг за шагом, исполнять Слово истины. Но если мы не будем молиться, то не сможем получить силу Свыше, а значит, не сможем исполнять Слово, даже будучи христианами долгое время.

Следовательно, чтобы хранить Слово Божье и благодаря этому жить благословенной жизнью, нам следует неустанно молиться. Не должно быть такого, что мы молимся, потому что исполнены Духом, а когда теряем полноту Духа, то перестаем молиться. Нужно не просто неустанно молиться всем своим сердцем, но это должно еще и войти в привычку.

Как Иисус имел обыкновение молиться, так и мы должны делать то же, чтобы наполнялась чаша наших молитв. Чем больше количество молитв, тем больше мы духовно общаемся с Богом. Тогда душа наша преуспевает, и мы получаем силу жить согласно Слову.

«Ибо Царство Божие не в слове, а в силе» (4:20).

По сравнению с предшествующим стихом, в этом стихе слово «сила» употребляется несколько в ином значении. Данная сила выше уровнем силы, речь о которой идет в стихе 19-м. Павел говорит, что Царство Божье — не в слове, а в силе. Сегодня в церквах много говорят, но

Царство Божье – не в словах, а в силе, а сами по себе слова бесполезны.

Апостолы Ранних церквей не обладали способностью красиво говорить. Петр изначально был рыбаком. Он не был красноречив и не имел особых светских познаний, но, получив силу Свыше, он в один день убедил три тысячи человек в необходимости покаяться. Павел не имел ораторских навыков, зато обладал силой Божьей. Он заложил основы мировой евангелизации в период трудных ситуаций в Ранних церквях.

Это актуально и для наших дней. Царство Божье заключено в силе. С помощью больших познаний или мирской мудрости невозможно спасти множество душ. Человеческая мудрость не поможет ни расширить Царство Божье, ни одержать победу в борьбе против врага дьявола.

Ранее, в 1-м послании к Коринфянам, 2:4, апостол Павел сказал: *«И слово мое и проповедь моя не в убедительных словах человеческой мудрости, но в явлении духа и силы»*. Он многое познал, учась у Гамалиила, но все свои знания он считал такими же бесполезными, как сор.

Что же это за «сила», которая способна сеять веру в людей, спасать души и расширять Царство Божье?

Во-первых, это сила, с помощью которой можно на деле хранить и исполнять Слово Божье после того, как мы принимаем Иисуса Христа, получаем в дар Духа Святого и молимся Богу.

Во-вторых, это сила, нужная для того, чтобы приносить плоды по мере того, как мы продолжаем применять на практике Слово. Мы будем приносить плоды Святого Духа, живя по Слову Божьему, и это не может быть сделано по нашему желанию, а лишь с помощью «силы» веры.

Когда люди, приносящие плоды Святого Духа, молятся с верой о том, чтобы получить больше силы, Бог дает им эту силу и власть Свыше. Это – сила Слова и сила, которая сопровождается знамениями и чудесами.

И пусть даже у нас нет ораторских способностей, но если мы получаем силу Слова от Бога, то мы сможем проповедовать Слово, которое «проникает до разделения души и духа, составов и мозгов, и судит помышления и намерения сердечные». Мы можем посеять в людях веру и помочь им жить по Слову Божьему.

В Евангелии от Иоанна, 4:48, сказано: *«Иисус сказал ему: вы не уверуете, если не увидите знамений и чудес».*

Чтобы спасти души, мы должны обладать не только силой Слова, но также демонстрировать знамения и чудеса, которые могут посеять веру в людях. И они по-настоящему уверуют, когда увидят знамения, чудеса и доказательства того, что Бог с ними. Так они смогут победить мирское и жить по Слову Божьему.

Если нет знамений и чудес, то обрести истинную веру и жить по Слову не так просто. Их отсутствие может породить лишь обычных прихожан, которые подобны мякине. С развитием науки и технологий мы нуждаемся в еще больших знамениях и чудесах, чем когда бы то ни было раньше, но когда мы начинаем говорить о происходящих чудесах и знамениях, то многие относятся к этому критически.

Люди с хорошим сердцем, увидев чудеса и знамения, примут Иисуса Христа как своего личного Спасителя. Но и во времена Иисуса, и сегодня были и остаются люди с недобрыми сердцами, которые критически относятся к подобной удивительной работе Бога.

В Деяниях святых Апостолов мы видим, как руками апостолов совершались многие чудеса и знамения на глазах у людей, и поэтому число уверовавших в Господа постоянно возрастало (Деяния, 5:12-14). И еще: после Воскресения и Вознесения Иисуса Христа ученики *«пошли и проповедовали везде, при Господнем содействии и подкреплении Слова последующими знамениями»* (От Марка, 16:20).

Как было сказано, Царство Божье – не в словах, а в силе. Когда проявляется сила, тогда люди обретают истинную веру, могут твердо стоять в Слове истины и вести жизнь победителей.

«Чего вы хотите? с жезлом прийти к вам или с любовью и духом кротости?» (4:21).

Здесь под словом «жезл» подразумевается наказание в виде нарекания. Апостол Павел был наделен властью наказывать некоторых верующих Коринфской церкви, отлучать их от занимаемой должности или изгонять из церкви. Он имел на это право, поскольку был тем, кто создал церковь в Коринфе и родил их благовествованием.

Хотя Павел в то время служил в другом месте, он все равно мог наказывать или упрекать их. А как насчет вас? Вы хотите познать Бога любви и кротости или Бога карающего? Лучше бы нам не оказываться в ситуации, когда Ему придется наказывать нас!

Глава 5

Предостережения от супружеской измены

— Как бороться с блудодеянием
— Избавьтесь от старой закваски
— Не сообщайтесь с блудниками

Как бороться с блудодеянием

«Есть верный слух, что у вас [появилось] блудодеяние, и притом такое блудодеяние, какого не слышно даже у язычников, что некто [вместо жены] имеет жену отца своего. И вы возгордились, вместо того, чтобы лучше плакать, дабы изъят был из среды вас сделавший такое дело» (5:1-2).

Апостол Павел услышал, что среди верующих Коринфа процветало блудодеяние. Блудодеяние – это сексуальная распущенность, разврат, непристойные действия. Какого же рода блудодеяние обнаружилось в Коринфской церкви, заставившее апостола Павла сказать, что о таком даже язычники не слыхали?

Кто-то вступил в сексуальные отношения с женой своего отца. Здесь под словами «жена отца» подразумеваются либо мачеха, либо наложница отца. Хотя ни та, ни другая не является биологической матерью, в некотором смысле, жену отца все же можно считать таковой. Так как кто-то состоял в подобных отношениях, то Павел и сказал, что о таком не слышали даже язычники.

Описание подобных ситуаций встречается и в Ветхом Завете. Рувим вступил в интимные отношения с наложницей отца Валлой, и Иаков услышал об этом (Бытие, 35:22). Когда Иаков оказался на смертном одре, он призвал двенадцать сыновей своих и сказал Рувиму: *«Но ты бушевал, как вода, – не будешь преимуществовать, ибо ты взошел на ложе отца твоего, ты осквернил постель мою, взошел»* (Бытие, 49:4).

Разумеется, нечто подобное происходило и среди язычников тоже. Однако Павел сказал, что такого не слышно даже у язычников, для того чтобы подчеркнуть, что подобные отношения не допустимы для членов церкви.

А что если такое все же случается в церкви? Те, кто любят Бога и обладают верой, естественно, будут скорбеть, молиться и поститься, говоря: «Бог, смилуйся над ним, прости, пожалуйста, нашу церковь за то, что она позорит Тебя».

Однако члены Коринфской церкви были надменны и не испытывали даже сожаления по этому поводу. Они ничего не предпринимали, считая, что лично к ним это не имеет никакого отношения.

Павел сказал: «...вы возгордились». Возгордиться – значит испытывать чувство превосходства, которое будет проявляться в повелительных манерах, в самонадеянных претензиях, высказываниях, которые свидетельствуют о неуважении или пренебрежении по отношению к другим людям. Тот, кто получил Святого Духа и знает Слово Божье, не должен вести себя высокомерно.

Какой же духовный смысл вложен в понятие «возгордиться»? Когда мы принимаем Господа и исполняемся Святым Духом, мы становимся смиренными. Вновь уверовавшие, когда они исполнены Духом, в отношениях со всеми проявляют смирение и показывают свою благодарность. Они понимают даже тех, кто не говорит с ними в вежливой и доброжелательной манере. Они считают всех очаровательными и приятными.

Вначале, когда люди исполняются Святым Духом, они становятся смиренными, и им прискорбно видеть, как бесславят Бога. Но некоторые люди, полагая, что они уже в некоторой степени стоят на камне веры, начинают думать, что они лучше других только потому, что много молятся и хорошо знают Слово Божье.

Чем больше люди гордятся собой, тем меньше они совершают поступков, соответствующих истине. Они даже не осознают, как Святой Дух в них унывает. Они не страдают от того, что другие позорят Бога или грешат. Когда брат по вере совершает греховный поступок, они думают, что это его проблема. И вместо того чтобы позаботиться о брате, они осуждают и критикуют его. Если в нас нет высокомерия, тогда каждую проблему церкви мы будем воспринимать как собственную. Тогда, если брат по вере будет грешить, наше сердце будет обливаться слезами скорби так, как если бы мы сами совершили греховный поступок.

Поскольку члены Коринфской церкви возгордились, то они не скорбели по поводу позорных фактов, имевших место в их церкви, и ничего не предпринимали в связи с этим. Они просто думали: «Если вы, грешите и хотите погибнуть, то это ваше дело. Мне вполне достаточно того, что я живу в истине».

«А я, отсутствуя телом, но присутствуя [у вас] духом, уже решил, как бы находясь у вас: сделавшего такое дело...» (5:3).

Апостол Павел сказал, что он отсутствовал в Коринфской церкви телом, но присутствовал там духом. Следовательно, в духе он уже осудил того, кто вступил в отношения с женой отца. Действия людей, совершающих подобные греховные поступки, неприемлемы. Павел осудил того, чье сердце так ожесточено, что Бог должен будет оставить его.

Затем апостол Павел указывает им на то, что они должны делать, прежде чем они столкнутся с гневом Божьим. А именно: если человек, имеющий ожесточенное сердце, не покается и не отвернется от греха, то они должны изгнать его из своей среды.

Кто-то может удивиться: «Если Библия учит нас не судить никого, почему Павел в этом случае судит кого-то?» Конечно же, согласно Слову Божьему, мы не должны никого судить, однако есть люди, которые обладают необходимой для этого квалификацией.

В Евангелии от Матфея, 7:5, говорится: *«Лицемер! вынь прежде бревно из твоего глаза и тогда увидишь, [как] вынуть сучок из глаза брата твоего».*

Те, кто уже вынул «бревно из своего глаза», то есть те, кто живут только по Слову истины, могут отчетливо видеть сучок в глазу брата. Только люди духа, свободные от всех форм греха, имеют право судить других. Таким человеком и был апостол Павел.

Поэтому нам не следует неверно трактовать этот стих и думать, что мы тоже можем судить других, как это делал Павел. Прежде чем судить кого-то, нам нужно взглянуть на свое прошлое, полностью очиститься от всех проявлений греха и зла и жить по Слову.

Только смиренные люди духа, исполненные любовью, могут скорбеть за других; и те, кто безмерно любят Бога, соответствуют требованиям, позволяющим судить других.

«... В собрании вашем во имя Господа нашего Иисуса Христа, обще с моим духом, силою Господа нашего Иисуса Христа, предать сатане во измождение плоти, чтобы дух был спасен в день Господа нашего Иисуса Христа» (5:4-5).

Апостол Павел находился на глубоком уровне веры, и, когда он писал книги Нового Завета, он также был под бесконечным вдохновением Духа Святого. В четвертом и пятом стихах заключен многозначительный смысл, в том числе и духовный.

Есть в Библии некоторые отрывки, трактовать которые довольно трудно. Мы не сможем понять их по-настоящему, если Бог через Духа Святого не объяснит нам их значение. Сегодня многие люди воспринимают только буквальный смысл написанного. Делая это, они думают, что могут быть спасены, даже если сознательно совершают греховные поступки. Какой же духовный смысл содержится в четвертом и пятом стихах?

Трактуя этот отрывок буквально, мы можем подумать: «Если в какой-то момент жизни мы согрешим, то будем преданы сатане, для того чтобы в качестве возмездия пройти через испытания. Но если только мы покаемся и отвратимся от греха, то наша плоть будет разрушена, а душа все равно получит спасение, когда Господь придет вновь».

Однако в Откровении, 3:5, сказано: *«Побеждающий облечется в белые одежды; и не изглажу имени его из книги жизни…»*. Господь говорит, что Он не изгладит имени побеждающего из Книги жизни. Другими словами, если человек не победит грех, то Господь сотрет его имя из Книги жизни. К тому же следует понимать, что и Святой Дух в нас может угаснуть, так как в 1-м послании к Фессалоникийцам говорится: *«Духа не угашайте»*.

Из Библии мы также узнаем, что есть грехи, которые прощаются, но есть и такие, которые не могут быть прощены. Те, кто возводят хулу на Духа Святого, те, кто говорят или действуют против Него, или те, которые, испытав благодать Небес, вернулись назад, в мир, и к его порокам, не могут быть спасены. Бог не может дать им духа покаяния, и их грехи не могут быть прощены (Посл. к Евреям, главы 6-я и 7-я). Поэтому в вопросе о нашем спасении не должно быть недопонимания.

И еще апостол Павел сказал: «... в собрании вашем во имя Господа нашего Иисуса Христа, обще с моим духом, силою Господа нашего Иисуса Христа». Это означает, что, прежде чем принять какое-то решение, которое имеет отношение к Богу, мы должны собраться вместе во имя Иисуса Христа и решить, как поступить во имя Его. Какими бы правильными ни казались наши идеи, они могут быть ошибочными, если не соответствуют Слову Божьему. Только истина Божья является правдой, а правильным будет только то решение, которое согласуется с истиной.

Следовательно, пятый стих означает, что апостол Павел и члены церкви в Коринфе объединились в духе во имя Господа Иисуса и силой Господа Иисуса, чтобы изгнать из церкви человека, который не кается в своей безнравственности. Бог говорит нам любить своих врагов, почему же тогда они отлучают его от церкви? Потому что он вступил в связь с женой отца, совершая блудодеяние, какого «не слышно даже у язычников». Церковь ни в коем случае этого принять не может.

Кто-то, незнакомый со Словом Божьим, может согрешить. Но тот, кто знает Слово Божье и совершает подобные греховные поступки, не может быть прощен, а его упрямое сердце не даст ему покаяться в собственных грехах. Присутствие подобных людей в церкви может оказать негативное влияние на других прихожан. Они станут думать, что раз такой человек может получить прощение, то и им можно грешить.

Когда апостол Павел услышал о блудодеянии в Коринфской церкви, он понял, что новость была достоверной. Библия говорит нам, что о чьем-либо грехе должны свидетельствовать двое или трое (Второзаконие, 19:15).

Мы не можем обвинять человека со слов одного свидетеля, потому что он может оказаться лжесвидетелем. Для этого должны быть, как минимум, два или три очевидца.

Апостол Павел тоже ориентировался не на одного человека: он убедился в существовании проблемы, выслушав нескольких человек. Только после этого он направил Коринфянам послание, в котором сказал им, что грешник, не имеющий покаяния и прощения, должен быть изъят из их среды.

Тогда члены церкви в Коринфе собрались и изгнали из церкви человека, который совершил блудодеяние, веря в то, что воля апостола Павла совпадает с волей Божьей.

Если кто-либо на законных основаниях будет отлучен от церкви, тот скоро попадется в сети сатаны. Поэтому в Евангелии от Матфея, 18:18, говорится: *«Истинно говорю вам: что вы свяжете на земле, то будет связано на небе; и что разрешите на земле, то будет разрешено на небе»*.

Так как церковь решила отвергнуть человека, который совершил столь аморальный поступок, он был покинут Богом и предан сатане.

Конечно же это не означает, что каждый отлученный от церкви человек будет покинут навсегда. Предположим, что кто-то совершил грех, который может быть прощен, от которого можно, покаявшись, отступиться. Но церковь приняла ошибочное решение и изгнала этого человека. В этом случае Бог не оставит его.

Бог обещал нам, что если мы покаемся и отвратимся от греха, Он будет прощать нас до *«седмижды семидесяти раз»* (От Матфея, 18:22). И еще Он сказал в Псалме (102:12): *«Как далеко восток от запада, так удалил Он от нас беззакония наши»*.

Таким образом, когда кто-то совершает греховный поступок, церкви следует понять его, простить его и молиться о нем, чтобы он покаялся и сошел с греховного пути.

Плоть взаимосвязана с греховной природой

В пятом стихе написано: «…предать сатане во измождение плоти, чтобы дух был спасен в день Господа нашего Иисуса Христа». Что это означает? Первая часть стиха говорит о том, что они удалили из среды своей человека, совершившего аморальный поступок; продолжение же стиха является обращением к детям Божьим, которое не имеет отношения к тем, кто жил в грехе.

Таким образом, нам не следует обобщать вторую часть стиха с первой. А именно: Павел сказал предать в руки сатаны человека, который сожительствовал с женой своего отца, потому что хотел спасти дух верующих Коринфской церкви в период Второго Пришествия Господа даже ценой умерщвления их плоти.

Под плотью подразумевается греховная природа, которую насадил в человеке дьявол и которая слилась с его телом. Павел для того предал сатане человека, который блудодействовал, чтобы дозволить верующим Коринфской церкви целиком отбросить греховную сущность и получить совершенное спасение, полностью став людьми духа.

Если бы тот человек не был бы изгнан из церкви, то другие верующие могли бы совершать аналогичные грехи, и в конечном счете они дошли бы до того, что лишились спасения. Следовательно, в этом случае церковь должна расстаться с таким человеком, чтобы остальные члены церкви осознали, что и их может ждать та же участь, если они будут грешить.

Избавьтесь от старой закваски

«Нечем вам хвалиться. Разве не знаете, что малая закваска квасит все тесто?» (5:6)

Павел сказал: *«Нечем вам хвалиться»*. Так чем же они хвалились?

Как вы видели, верующие церкви в Коринфе не скорбели, когда один из них безмерно опозорил Бога своим блудодеянием. Павел сказал им, что они возгордились. Но они, молясь Богу, все еще говорили: «Бог, он совершил грех, какого не слышно даже у язычников, и мы благодарим Тебя за то, что мы любим Тебя и, следуя Твоему Слову, не совершили подобного греха».

Тогда почему Павел укоряет их, говоря «нечем вам хвалиться»?

Во-первых, нам вообще нечем хвалиться на этой земле.

Наши жизни скоротечны, а тела после смерти вновь превратятся в горсть праха. В Послании Иакова, 4:14-16, говорится: *«Вы, которые не знаете, что случится завтра: ибо что такое жизнь ваша? пар, являющийся на малое время, а потом исчезающий. Вместо того чтобы вам говорить: „если угодно будет Господу и живы будем, то сделаем то или другое", вы, по своей надменности, тщеславитесь: всякое такое тщеславие есть зло».*

Даже если мы вовсе не грешим и живем по Слову Божьему, мы не можем хвалиться собственной безгрешностью. Это возможно только благодаря силе Божьей, но никак не собственной силе.

Однако верующие Коринфской церкви не убрали из своей среды человека, совершившего блудодеяние, а вместо этого хвалились своей святостью, потому что были высокомерны. Павел говорит, что это не правильно, потому что они хвалились собой, видя, как разрушается слава Божья.

Во-вторых, он упрекает их потому, что «малая закваска все тесто квасит».

Здесь слово «закваска», в духовном плане, олицетворяет грех. Библия пишет о разного рода грехах – таких, как, например, ненависть, зависть, раздоры и так далее. Сравнение блудодеяния с малой закваской не означает, что это был незначительный грех. Это означает, что блудодеяние было частью множества различных грехов.

«Все тесто» означает паству церкви в Коринфе. Когда Павел сказал: «Разве не знаете, что малая закваска квасит все тесто?» – он имел в виду, что верующие в Коринфе хвалились тем, что пребывали в истине, критикуя человека, который согрешил. Но если бы они приняли его, то и сами в конечном итоге испытали бы на себе работу сатаны. Вот почему Павел сказал, что хвастаться – не правильно.

Есть люди, которые не могут хранить свое сердце из-за влияния окружающей их среды.

Если дети изо дня в день видят, как папа пьет, живет, гоняясь за жизненными удовольствиями, то они, как правило, думают, что они не пойдут по пути отца. Однако в большинстве случаев, став взрослыми, они ведут себя точно так же или даже еще хуже.

Терпимое отношение к человеку, живущему в грехе, привело бы к тому, что члены Коринфской церкви могли бы тоже поддаться искушению и начать грешить. Они могли бы наделать еще больше порочных дел, думая: «Если уж такой тяжкий грех оказался незамеченным, то на небольшой грех тем более никто не обратит внимания».

Таким образом, если даже один человек грешит, мы сразу же должны принять меры по этому поводу. Если мы оставим проблему без внимания, то даже маленькая закваска сквасит все тесто: число грешников будет возрастать, а это развратит всю паству.

«Итак, очистите старую закваску, чтобы быть вам новым тестом, так как вы бесквасны, ибо Пасха наша, Христос, заклан за нас» (5:7).

Апостол Павел дал совет верующим Коринфской церкви, сказав, что они были бесквасны, так как, приняв Иисуса Христа, они получили прощение своих грехов. Здесь под словом «бесквасны» подразумеваются дети Божьи, которые безгрешны.

Даже если мы принимаем Иисуса Христа и получаем прощение грехов, каждый из нас должен очистить старую закваску и стать полностью новым человеком. Слова «старая закваска» относятся ко всякого рода грехам и злу, мыслям, враждебным истине, и вредным привычкам. Павел говорит, что мы должны очистить эту закваску и стать новым человеком.

И далее Павел говорит: «... ибо Пасха наша, Христос, заклан за нас». Пасха – это праздник, который отмечается в память о спасении Богом сынов Израильских, когда Он наслал на Египет казнь – смерть всех первенцев (Исход, 12:12). Сыны Израильские, чтобы избежать казни, закололи агнца и его кровью помазали косяки и перекладины дверей, а затем поспешно съели мясо с горькими травами и пресным хлебом в своих домах.

Агнец олицетворяет Иисуса Христа, а кровь – драгоценную Кровь Господа. Следовательно, сказанные слова «Пасха наша, Христос» означают, что Иисус

Христос стал искупительной жертвой для нашего спасения.

Иисус Христос пожертвовал Собой на кресте, чтобы заплатить за наши грехи. Вот почему они должны были изгнать из церкви человека, который умышленно совершил акт блудодеяния.

> «Посему станем праздновать не со старою закваскою, не с закваскою порока и лукавства, но с опресноками чистоты и истины» (5:8).

В этом стихе говорится о праздновании Пасхи, духовное значение которой важно для нас и сегодня. В этот день мы отмечаем тот факт, что Иисус пролил Свою Кровь на кресте и Своим Воскресением разрушил власть смерти. Иисус Христос является Господином Субботы, и все воскресные дни – это, так же как и Пасха, дни празднования (От Матфея, 12:8).

Придерживаясь этого праздника, мы должны очищать старую закваску и отрекаться от зла в сердце, жить освященной и непорочной жизнью. Мы должны поклоняться в духе и истине (От Иоанна, 4:24).

Порочность – это намеренное желание совершить противоправное действие или причинить вред без какого-либо законного основания или оправдания. Лукавство есть нечто недостойное, с моральной точки зрения, а быть лукавым – значит быть исполненным греха. Прежде чем мы начнем поклоняться Богу, мы должны взглянуть на свое прошлое, на себя: не совершили ли мы какого греха? Если да, то нам следует сначала покаяться, чтобы достойно подготовить свое сердце к поклонению.

Грехи с закваской порока недопустимы. Иногда нам встречаются те, кто их совершают. Но если они искренне каются и отвращаются от грехов, то Бог проявляет милость к ним, меняет их, делая верными и правдивыми людьми.

Далее Павел говорит: *«Посему станем праздновать... но с опресноками чистоты и истины»*. А Иисус сказал: *«Я есмь хлеб жизни»*. И еще: *«Я хлеб живой, сшедший с небес»* (От Иоанна, 6:48, 51).

Он объясняет, что мы можем пойти по пути, ведущему к жизни вечной, когда мы, очистив старую закваску, предлагаем Богу живую жертву в духе и истине, с чистым и правдивым сердцем.

Не сообщайтесь с блудниками

«Я писал вам в послании – не сообщаться с блудниками; впрочем, не вообще с блудниками мира сего, или лихоимцами, или хищниками, или идолослужителями, ибо иначе надлежало бы вам выйти из мира [сего]» (5:9-10).

Павел писал подобные письма и многим другим церквям. Он советовал членам церквей не общаться с блудниками. Нам следует правильно понимать, как церковь должна относиться к прихожанам, которые допускают сексуальную распущенность.

Павел, во 2-м послании к Фессалоникийцам, 3:6, советует верующим: *«Завещеваем же вам, братия, именем Господа нашего Иисуса Христа, удаляться от всякого брата, поступающего бесчинно, а не по преданию, которое приняли от нас»*. И далее, в 14-м и 15-м стихах, он продолжает: *«Если же кто не послушает слова нашего в сем послании, того имейте на замечании и не сообщайтесь с ним, чтобы устыдить его. Но не считайте его за врага, а вразумляйте, как брата».*

Все слова, написанные в этих посланиях, – это Божьи слова. Итак, Павел велит верующим удаляться от тех, кто не повинуется этим словам, чтобы те устыдились.

И если те, кого устыдили, обладают хотя бы малой верой, то они покаются и постараются вновь сблизиться с братьями по вере, понимая, что братья держатся от них на расстоянии из-за их грехов.

И напротив, если в них нет веры, то они уйдут из этой церкви, считая, что существует много других церквей. Однако тот, кто по-настоящему верит в Бога, так не поступит.

Следовательно, слова «того имейте на замечании и не сообщайтесь с ним, чтобы устыдить его» указывают тот путь, который позволит грешнику прийти к покаянию, а остальным избежать ненависти к нему. Помните, что в это время, когда члены церкви отдалились от человека, совершившего греховный поступок, один из его ближайших друзей должен вразумить его отвернуться от греха.

Теперь давайте поговорим о том, какими бывают формы блудодеяний.

Во-первых, это физическое блудодеяние.

Если человек, состоящий в браке, вступает в сексуальные отношения с кем-то, не являющимся супругом или супругой, или если мужчина и женщина, не состоящие в браке, вступают в половую близость, то это является блудодеянием.

Эти поступки греховны пред Богом. Однако есть некоторые супружеские пары, которые по разным причинам не могли позволить себе свадебной церемонии, и мы не будем говорить, что они согрешили, так как все считают их мужем и женой. Но лучше было бы для них обоих, чтобы свадебная церемония состоялась, а их отношения были бы признаны официально.

Во-вторых, это духовное блудодеяние.

Бог дал нам жизнь. Бог также создал семя мужчины и яйцеклетку женщины. Он дал рождение нашему духу, и Он – наш Отец, Который ведет нас по пути к вечной жизни и будет обитать с нами вечно в Царстве Небесном.

Поэтому долг детей Божьих прежде всего любить Бога. Однако если они любят что-либо или кого-либо больше, чем Бога, то это духовное прелюбодеяние.

Например, если кто-то любит своих родителей, жену, детей, мирскую славу, власть в обществе, знания, деньги, светские развлечения больше, чем Бога, то это – духовное блудодеяние.

В-третьих, это прелюбодеяние, совершенное в сердце.

Иисус в Евангелии от Матфея, 5:27-28, сказал: *«Вы слышали, что сказано древним: „не прелюбодействуй". А Я говорю вам, что всякий, кто смотрит на женщину с вожделением, уже прелюбодействовал с нею в сердце своем»*.

В Ветхом Завете грехом считалось только то, что было совершено на деле. Почему же тогда Новый Завет считает грехом даже то, что человек совершает в сердце своем?

Во времена Ветхого Завета людям приходилось бороться с грехами только собственными силами, поэтому то, что не было осуществлено на деле, то и не считалось грехом. Однако в эпоху Нового Завета мы можем контролировать свое сердце с помощью Святого Духа, так что не только действия, но и греховные помышления считаются грехом.

Поскольку Святой Дух обитает в нас, мы, с помощью молитв, можем получить силу Свыше, чтобы контролировать свое сердце и благодаря этой силе отсечь от себя грехи. То есть мы способны совершить обрезание сердца. Таким образом мы можем сделать его чистым и непорочным.

Во времена Ветхого Завета лишь поступки людей должны были быть непорочными; в период же Нового Завета нам следует иметь непорочное сердце. Бог говорит, что если наше сердце нечисто, то мы те же грешники, хотя с виду наши поступки вполне безупречны.

Как мы можем избавиться от прелюбодеяний в разуме?

Если мы верим в силу Божью и искренне молимся, Святой Дух удалит из нашего сердца само желание прелюбодействовать, и в конечном итоге мы не будем чувствовать никакого возбуждения. А пройдя следующие стадии, можно избавиться от прелюбодеяний в разуме.

На первой стадии мы, благодаря неустанным молитвам, блокируем прелюбодейные желания, которые приходят в сердце через наши мысли.

Даже женщина, у которой есть муж, может совершить прелюбодеяние в сердце, увидев очень привлекательного мужчину. Мужчина же, у которого есть жена, может совершить супружескую измену в сердце своем, когда перед ним окажется красивая женщина или фотография обнаженной женщины, или он попадет в ситуацию, располагающую к прелюбодеянию.

На деле они не совершили супружеской измены, но что им делать, если эти мысли сами возникают в разуме? Они должны верить в силу Божью и постоянно и неустанно молиться. Если они будут непрерывно молиться и просить: «Бог, дай мне силу, чтобы я мог победить мысли о прелюбодеянии. Сделай меня способным контролировать и блокировать эти мысли», то в конечном итоге они смогут остановить подобные мысли.

Конечно же молитва – это еще не все. Им самим тоже нужно стараться не допускать мыслей о прелюбодеянии. И если мы будем просить Бога укрепить нас, то по благодати Божьей и с помощью Духа Святого мы сумеем контролировать свои помышления.

На второй стадии мы способны контролировать свое сердце.

На этом уровне, если мы видим сцены, располагающие к прелюбодеянию, но решаем для себя не допускать даже мысли об этом, то они и не будут возникать. И поскольку у нас нет никаких мыслей о прелюбодеянии, то ему не будет места и в нашем сердце. Прелюбодеяние проникает в сердце через мысли и чувства. Однако блокируя их, мы не допустим греховных помышлений.

На третьей стадии мы больше не имеем подобных мыслей, независимо от того, что мы видим.

На этом уровне даже чувственные сцены, которые мы наблюдаем и которые могут подтолкнуть нас к совершению супружеской измены, не вызывают в нас никакого возбуждения в мыслях и разуме. В переполненном метро или автобусе мы можем невольно прикоснуться к кому-то. Но даже и в этой ситуации у нас не возникнет никаких прелюбодейных мыслей или побуждений. На этом уровне для нас прелюбодеяния просто не существуют.

На четвертой стадии мы не сможем думать о подобных вещах, даже если попытаемся сделать это.

На этом уровне мы также не сумеем, даже если попытаемся, допустить мысли о прелюбодеянии. Поскольку у нас отсутствуют подобные помышления, то мы будем исполнены Святым Духом постоянно.

Отдалитесь от мира

В десятом стихе говорится: «Впрочем не вообще с блудниками мира сего, или лихоимцами, или хищниками, или идолослужителями, ибо иначе надлежало бы вам выйти из мира [сего]». Павел говорит, что они могут и не отдаляться от всех мирских людей, которые были блудниками, лихоимцами или хищниками, или идолослужителями, только потому, что они не жили по Слову Божьему.

Если они не станут сообщаться с мирскими людьми, то им придется уйти из мира сего, что означает, что они окажутся либо на Небесах, либо в аду. Мы должны жить и работать с мирскими людьми до тех пор, пока мы находимся на этой земле, для того чтобы и их привести к Христу.

Но есть время, когда мы не должны общаться с ними, хотя мы и живем в этом мире. Предположим, что блудники, лихоимцы, хищники или идолослужители являются вашими коллегами или друзьями.

Мы можем иметь дружеские отношения с ними, говорить с ними с тем, чтобы они познали Бога. Однако если мы сами можем оказаться запятнанными их блудодеяниями, лихоимством или идолослужением, мы сразу же должны отдалиться от них, чтобы вместе с ними не пойти по неправедному пути.

Предположим, что у вашего ребенка есть друзья, которые склоняют его к незаконным поступкам. В этом случае вам захочется оградить своего ребенка от общения с ними. И Бог также говорит нам не общаться с подобными людьми, если есть вероятность последовать их греховным делам.

Что если кто-то из ваших коллег или друзей попросит вас пойти с ним в заведомо непристойное, распутное место? Пойдете ли вы с ним только потому, что он ваш друг? Однозначно, мы должны отказываться от подобных приглашений. Если вы не можете убедить его не грешить, то вы сами должны держаться от него в стороне.

Однако если мы, стоя на камне веры, способны хранить в чистоте свое сердце и мысли и ничто нас не станет искушать, то нам не обязательно отдаляться от таких людей.

Быть лихоимцем – значит быть жадным. Любые попытки получить что-то сверх того, в чем есть нужда, это тоже проявление жадности. Например, человек навещает своего соседа и видит у него вещь, которую ему хочется заполучить. И несмотря на то, что у него есть реальная необходимость строго придерживаться финансовых ограничений, он все равно приобретает эту вещь. Другим примером лихоимства является ситуация, когда человек, уже насытившись, не может перестать есть.

Хищничество – это добыча денег или чужой собственности мошенническим, обманным путем. Здесь имеются в виду ростовщичество, насильственный захват того, что принадлежит другим, и попытки получить больше того, что было вложено самими.

Идолослужение – это создание образов мужчин, женщин, животных или небесных тел из дерева, камней, золота, серебра или другого металла и поклонение им как богам.

Во Второзаконии, 4:23, говорится: *«Берегитесь, чтобы не забыть вам завета Господа, Бога вашего, который Он поставил с вами, и чтобы не делать себе кумиров, изображающих что-либо, как повелел тебе Господь, Бог твой»*. Безжизненный идол – ничто, он не имеет никакой силы. И поклонение другим богам или вещам, а не истинному Богу Создателю, повлечет за собой большие беды.

> «Но я писал вам не сообщаться с тем, кто, называясь братом, остается блудником, или лихоимцем, или идолослужителем, или злоречивым, или пьяницею, или хищником; с таким даже и не

есть вместе» (5:11).

Под «братом» здесь подразумевается брат по вере. Если христианин остается блудником, лихоимцем или идолослужителем, злоречивым или пьяницей, то Бог говорит нам даже не есть вместе с таким человеком.

Быть лихоимцем – значит иметь неординарное желание владеть богатством или собственностью, или тем, что принадлежит другим. То же самое относится и к людям с повышенной потребностью в еде или вещах. Быть злоречивым – значит сквернословить или использовать такие оскорбительные выражения, воспроизвести которые просто невозможно.

Слова «с таким даже и не есть вместе» не означают, что мы не должны даже садиться за один стол или общаться с такими людьми в церкви. Тогда это будет означать, что в церкви отсутствует любовь. Эти слова означают, что мы не должны повторять их греховных поступков.

Я уже говорил о наших отношениях с неверующими, и это же относится к братьям по вере. Если мы обладаем слабой верой, то нам следует избегать подобных порочных людей, так как мы можем поддаться их влиянию и, по слабости своей, начать грешить вместе с ними. Но если мы стоим на камне веры, мы можем и не избегать их. А наоборот, можем вразумлять их с любовью, чтобы они покаялись, или направить их на жизнь в истине, сея в них веру.

«Ибо что мне судить и внешних? Не внутренних ли вы судите? Внешних же судит Бог. Итак, извергните развращенного из среды вас» (5:12-13).

«Судить» – значит, согласно истине, рассудить, что является правильным, а что – ошибочным. Когда Библия говорит нам не судить, то под этим подразумевается совсем другое. Имеется в виду, что мы не должны судить о вещах, для нас не вполне понятных. Только Бог знает сердца людей, поэтому подобный суд станет стеной греха между Богом и нами.

Правильно ли поступают мирские люди, неверующие, мы сумеем определить, лишь опираясь на истину. Тогда мы сможем распознавать являются ли они лихоимцами, блудодеями, идолослужителями, злоречивыми людьми, пьяницами или хищниками, враждебными истине. Но мы не должны судить их, потому что Бог будет судить их согласно Своей воле.

Когда неверующие пьяны, нам не стоит говорить им: «Почему ты так много пьешь? Прекрати пить и живи по истине!» Бог будет судить их, мы же не должны этого делать.

Но предположим, что брат по вере обратился к гадалке. В этом случае мы должны осознать, что он стал идолослужителем, у которого нет веры. Он мог бы молиться Богу и получить от Него ответ, но он, тем не менее, обратился к демонам. Поэтому мы не можем сказать, что в нем есть вера. Таким образом, мы можем распознавать подобные случаи согласно истине.

Извергните развращенного человека

Далее, в тринадцатом стихе, сказано: «...извергните развращенного из среды вас». В одиннадцатом стихе говорилось о том, чтобы не сообщаться и не есть вместе с ними; тут же нам велят вовсе извергнуть их от себя.

Какими будут последствия, если мы пойдем на уступки братьям по вере, которые являются блудодеями, лихоимцами, идолослужителями, алкоголиками и хищниками? Церковь не может присвоить им никаких званий или должностей, и, возможно, прихожане этой церкви не будут чувствовать себя комфортно, общаясь с ними. Таким образом, они естественным путем окажутся оставленными, даже находясь в церкви.

В этом случае – это счастье, если они покаются и обратятся вспять. Но если они будут жаловаться и совершать еще больше греховных поступков, то их совесть совсем притупится. В конечном итоге, они не будут исполняться истиной, как объяснялось в первом стихе, и даже могут совершить недопустимые грехи – такие, как сексуальная связь с женой своего отца.

Те, кто уже дошел до такого уровня греховности, сойти с которого невозможно, обладают весьма ожесточенным сердцем и не могут покаяться. Вот почему Библия говорит нам извергнуть их из церкви. В противном случае они станут плохой закваской и окажут плохое влияние на верующих.

В Евангелии от Матфея, 18:15-18, говорится: *«Если же согрешит против тебя брат твой, пойди и обличи его между тобою и им одним; если послушает тебя, то приобрел ты брата твоего; если же не послушает, возьми с собою еще одного или двух, дабы устами двух или трех свидетелей подтвердилось всякое слово; если же не послушает их, скажи церкви; а если и церкви не послушает, то да будет он тебе как язычник и мытарь. Истинно говорю вам: что вы свяжете на земле, то будет связано на небе; и что разрешите на земле, то будет разрешено на небе».*

Этот отрывок говорит нам, что, если брат совершает греховные поступки, нам не следует говорить об этом другим: мы должны прежде пойти к нему сами и посоветовать ему жить по Слову Божьему. Если он, к его счастью, послушается и покается, то это будет означать, что мы обрели брата, а он получит спасение.

Если же он не прислушается к совету, то мы должны взять с собой еще несколько человек, которые находятся на более высоком духовном уровне, и постараться вразумить его, вернуть его назад, на путь, ведущий к Богу; при этом два или три человека должны быть свидетелями. Если он все равно не послушает, тогда необходимо поставить в известность церковь.

Если он не слушает даже пастора церкви или кого-то, кто равен пастору по положению, то мы должны отнестись к нему, как к язычнику или мытарю. В этом контексте под «язычником» надо понимать того, кто не верует в Бога, а мытари также считались грешниками. Поэтому мы должны относиться к подобным людям, как к неверующим или грешникам.

Стих восемнадцатый говорит: «Что вы свяжете на земле, то будет связано на небе; и что разрешите на земле, то будет разрешено на небе». Когда представитель церкви даст ему совет и он к нему прислушается и отвратится от греха, тогда он получит и признание Бога. В противном случае грешник будет предан сатане. Следовательно, представители церкви должны любить его и быть терпеливы с ним, а также молиться о нем до самого конца.

Однако этот стих не может быть применим к вновь уверовавшим, которые только что приняли Господа. Те, кто только начали посещать церковь, не понимают по-настоящему Слово Божье. Они даже не знают, что такое грех. И хотя они пытаются исполнять Слово Божье, им недостает для этого силы и власти.

Итак, нам не нужно думать, что мы должны избегать их, потому что они грешники, а нам следует сеять веру в них и дать им возможность все больше и больше познавать истину.

Но когда такие тяжкие грехи совершают те, кто обладают верой и даже некоторым положением в церкви, тогда мы должны перестать общаться с ними.

Глава 6

Тяжбы между верующими

— Проблемы между членами церкви

— Святые будут судить мир

— К их стыду

— Смертные грехи

— Ради чего мы должны жить?

— Духовный смысл слова «блудница»

Проблемы между членами церкви

«Как смеет кто у вас, имея дело с другим, судиться у нечестивых, а не у святых?» (6:1)

В шестой главе Павел пишет о воле Божьей относительно судебных тяжб между братьями по вере и указывает на пути решения возникающих проблем.

Если мы неверно понимаем волю Божью относительно судебных тяжб, мы можем стать нечестивыми людьми, о которых упоминает Павел, и не получить спасения. Кто-то может подумать, что лучше не вмешиваться, если подобные ситуации возникают в церкви, и что нужно прежде всего самому оставаться верным христианином.

Однако мы должны уметь находить правильные ответы, соответствующие истине, когда вновь уверовавшие или другие братья по вере нуждаются в нашем совете по поводу судебных исков.

Из первого стиха шестой главы мы узнаем, что между

членами церкви в Коринфе возникла судебная тяжба. Верующий подал иск на брата по вере, обратившись к нечестивым за решением правовой проблемы.

Термин «нечестивый» относится к мирским людям, которые не знают истины и не пребывают в Слове Божьем. Нечестивыми можно также назвать членов церкви, которые сомневаются в Слове Божьем и не живут согласно ему.

Поэтому, если мы обращаемся со своими проблемами к подобным людям в церкви, то это все равно что искать помощи у нечестивых неверующих. Для нас недопустимо также судить брата по вере в мирских судах.

Мир не может функционировать по тем же законам, которые описаны в Библии. Бог говорит нам любить своих врагов, считать других превыше себя, понимать и прощать их. Он также говорит нам, что мы возвышаемся, служа другим, и мы побеждаем, проигрывая.

Только Слово Божье – неизменная истина, и мы можем жить счастливо, только если следуем ей. Однако многие люди отказываются следовать Слову Божьему: они исходят лишь из собственных интересов.

Более того, мирской закон и Закон Божий – это не одно и то же. Ну не глупо ли верующим полагаться на мирские законы, вместо того чтобы надеяться только на Закон Божий?

Вот почему апостол Павел упрекнул верующих Коринфской церкви за то, что они не пытались решить проблемы, возникшие между братьями по вере, внутри церкви, а обратились к нечестивым людям, не знавшим истины.

Святые будут судить мир

«Разве не знаете, что святые будут судить мир? Если же вами будет судим мир, то неужели вы недостойны судить маловажные [дела]?» (6:2)

Здесь сказано, что святые будут судить мир. Кого же, в таком случае, можно считать святыми? Когда кто-то занес свое имя в церковный список, мы считаем его членом церкви. Членов церкви, которые хранят Слово Божье в своих сердцах, превращают его в свою духовную пищу и применяют его в своей жизни, называют святыми.

Почему эти люди зовутся святыми? Не потому ли, что они ведут особо непорочную жизнь?

В Евангелии от Иоанна, 14:6, сказано: *«Иисус сказал ему: Я есмь путь и истина и жизнь; никто не приходит к Отцу, как только через Меня»*. Только Слово Божье является истиной, которая навеки останется неизменной. Следовательно, Слово Божье по-настоящему будут применять только те, кто верят в обещания Бога, данные в Библии, и следуют Слову Его.

Если Бог не Живой, то Библия тоже мертва, а значит, она не может быть истиной. Но Бог Живой. Он существовал предвечно и существует на протяжении всей вечности. Он никогда не меняется, и Его Слово – это абсолютная истина. А Иисус Христос, Который пришел на эту землю, – Его Единственный и Единородный Сын.

Слово Божье, являющееся истиной, свято, поэтому тех, кто следует ему, мы называем святыми. С другой стороны, те, кто просто посещают церкви, зовутся прихожанами.

Конечно, мы можем назвать их еще и вновь уверовавшими или вновь пришедшими. Мы приходим в церковь и регистрируемся в качестве членов церкви для того, чтобы стать детьми Божьими и получить спасение. Мы делаем это, чтобы слышать Слово Божье и встать на путь святости. Так что, святыми можно назвать и вновь уверовавших.

Есть люди, которые стоят на камне веры. Но есть и другие, которые усердно стараются жить по Слову Божьему, но на камень веры они еще не встали.

Павел сказал: «Разве не знаете, что святые будут судить мир?» Здесь под словом «святые» имеются в виду те дети Божьи, которые уже стоят на камне веры. Эти святые могут судить мир. Как объяснялось выше, когда в мире возникают проблемы, они способны рассудить, что является правильным, а что нет, опираясь на истину.

Вот почему Павел спрашивает: как вышло так, что

они не могут решить проблему между братьями по вере, в то время как святым дано право судить мир и все возникающие в нем вопросы? Те, кто стоят на камне веры, способны решать проблемы, которые могут случиться между братьями по вере, поэтому у верующих нет необходимости идти в мир и начинать мирские судебные процессы.

«Разве не знаете, что мы будем судить ангелов, не тем ли более [дела] житейские?» (6:3)

Третий стих является дополнением ко второму. Мы знаем об ангелах из Библии, и что мы будем судить ангелов, но это не значит, что наш приговор будет вынесен со злым умыслом. Это означает, что мы станем судить обо всем, согласуясь с истиной.

Например, в Библии, во 2-м послании Петра, 2:4, мы читаем, что Бог не пощадил ангелов, которые согрешили; Он связал их «узами адского мрака», предназначенного для наказания.

Также в Послании Иуды, 1:6, говорится: *«И ангелов, не сохранивших своего достоинства, но оставивших свое жилище, соблюдает в вечных узах, под мраком, на суд великого дня».*

Библия пишет об ангелах, которые могут управлять силами стихии – дождем и облаками, об ангелах – могущественных и сильных, которые, как написано во

2-м послании Петра, 2:11, *«превосходят их крепостью и силою»*. (Под словом «их» имеются в виду те, «которые идут вслед скверных похотей плоти...» [2-е посл. Петра, 2:10]. – Ред.).

В Евангелии от Луки, 1:19, рассказывается о Гаврииле: *«Ангел сказал ему в ответ: я Гавриил, предстоящий пред Богом, и послан говорить с тобою и благовестить тебе сие»*. В этом эпизоде Гавриил явился, чтобы сообщить новость о рождении Иоанна Крестителя.

Кроме того, в Книге пророка Даниила, 10:13, говорится: *«Но князь царства Персидского стоял против меня двадцать один день; но вот, Михаил, один из первых князей, пришел помочь мне, и я остался там при царях Персидских»*. Таким образом, у нас есть письменное упоминание и об архангеле Михаиле. Поскольку ангелы невидимы для наших глаз, мы можем распознавать этих обитателей духовного мира с помощью Библии.

Итак, что имелось в виду под словами: «Разве не знаете, что мы будем судить ангелов»? Павел сделал акцент на том, что те, кто могут судить духовных существ, подобных ангелам, могут решать и проблемы этого мира.

«А вы, когда имеете житейские тяжбы, поставляете [своими судьями] ничего не значащих в церкви» (6:4).

Дела этого мира могут привести к возникновению

проблем среди верующих. Как же поступить, если два человека в церкви ссорятся или возникают проблемы, которые невозможно решить внутри церкви?

Святые, то есть те, кто стоят на камне веры, могут определить, что правильно, а что нет, исходя из Слова Божьего, поэтому нам следует предоставить им возможность разрешить ситуацию. Однако верующие Коринфской церкви этого не сделали. Вот почему Павел подчеркнул, что они назначили судьями тех, кто ничего не значит в церкви.

Если между братьями по вере возникают житейские споры и они начинают судиться, то это поступок нечестивых людей, которые живут не по истине.

Допустим, человек, который не живет в истине, клевещет и критикует прихожанина церкви. Предположим, что кто-то еще услышал об этом и тоже разделил его мнение. Когда к наговору на человека присоединится несколько человек, то они сформируют группировку.

Если у члена данной группировки что-то произойдет, то он, вполне естественно, будет искать поддержки и совета у своих нечестивых друзей. Дадут ли ему достойный совет эти люди? Укажут ли они ему верный путь решения проблемы? Тот, кто неправеден, не может отвечать на вопросы, придерживаясь истины, потому что он сам не живет в истине. Вот почему Павел говорит: «А вы... поставляете [своими судьями] ничего не значащих в церкви», указывая на то, что этого делать не надо.

К их стыду

«К стыду вашему говорю: неужели нет между вами ни одного разумного, который мог бы рассудить между братьями своими? Но брат с братом судится, и притом перед неверными» (6:5-6).

Апостол Павел в Первом послании к Коринфянам, 4:14, сказал: *«Не к постыжению вашему пишу сие, но вразумляю вас, как возлюбленных детей моих»*. И здесь же он пишет: *«К стыду вашему говорю»*. Он сказал это, потому что данная ситуация полностью отличается от той, о которой говорилось в четвертой главе 1-го послания к Коринфянам.

В 1-м послании к Коринфянам, в главе четвертой, мы читаем, что, когда апостолов злословят, они принимают это как благословение, когда их гонят, они терпят, когда их хулят, они молят о примирении. Это правильный путь, и верующим Коринфа следовало поступать так же. Но они не сделали этого.

Павел не хотел хвалиться собой или стыдить верующих Коринфян. Он просто хотел вразумить их с сердцем родителя, чтобы они знали, что действия апостолов были верными.

Однако в пятом стихе Павел говорит: «К стыду вашему говорю». Он ясно дал понять, что не собирается говорить со своими возлюбленными детьми о чем-то приятном. Он хотел сказать, что придется, к их стыду, указать им на ошибки. Хотя это и могло поставить их в неудобное положение, Павел хотел, чтобы его слова остались в их памяти и они больше не поступали подобным образом.

Дети Божьи не должны судить друг друга. Однако в Коринфской церкви братья по вере были скоры на суд и вели тяжбы друг с другом на виду у неверующих. Вот почему Павел вынужден был сказать, что это происходило к их стыду.

Как решаются проблемы в Господе

Так, как же мы должны поступать, если у нас возникают мирские проблемы с братьями по вере? Для их решения нам нужно следовать церковному порядку. Если вы обвиняете в чем-то верующего, то сначала вы должны посоветоваться с лидером своей ячейки. Если лидер вашей ячейки не может решить проблему, вам следует обратиться к тому, кто, согласно церковной иерархии, занимает более высокую позицию.

В конечном итоге вы можете дойти до пастора церкви. Если проблема все же не решается, то, чтобы разобраться в том, как правильно поступить, вам следует обратиться в церковный совет, собрание или организацию, которая представляет всю церковь в целом.

В большинстве случаев конфликтные ситуации возникают из-за денег. Я бы рекомендовал прихожанам избегать какого бы то ни было денежного обмена в церкви. Во многих случаях именно деньги становятся причиной недопонимания и конфликтов.

Если чрезвычайные обстоятельства заставляют вас брать в долг, то не берите взаймы у братьев по вере, а попросите денег у кого-нибудь вне церкви. Братья по вере, заключающие между собой денежные сделки, не повинуются Слову Божьему, а этим непременно воспользуется сатана, сея между ними раздоры и конфликты.

Я сталкивался со многими прихожанами, у которых возникали проблемы из-за того, что они либо давали в долг членам церкви, либо сами брали у них взаймы.

Некоторые люди просто не могут отказать тем, кто просит у них деньги. И чтобы выручить просителя, случается, что им самим приходится брать нужную сумму у третьего лица. Но многие люди не могут возвратить деньги в обещанное время. В Послании к Римлянам, 13:8, сказано:

«Не оставайтесь должными никому ничем, кроме взаимной любви». То есть сказано, что деньги не должны лежать бременем на братьях.

> «И то уже весьма унизительно для вас, что вы имеете тяжбы между собою. Для чего бы вам лучше не оставаться обиженными? для чего бы вам лучше не терпеть лишения? Но вы [сами] обижаете и отнимаете, и притом у братьев» (6:7-8).

Если брат по вере судит другого брата, то он поступает нечестиво, и это свидетельствует о том, что он не живет в истине и не является чадом Божьим. Сей факт указывает еще и на то, что он является лжеверующим, хотя и выглядит набожным человеком, преданно работающим для церкви.

Как же быть, если брат по вере все же пытается отсудить у вас что-то? Если ваша вера истинная, то вы скорее согласитесь потерять то, из-за чего вас судят, чем бороться против человека, стараясь выяснить, кто виноват. Вот почему апостол Павел в седьмом стихе советует лучше оставаться обиженным и терпеть лишения, чем ссориться и злиться.

Однако вновь уверовавшие, недостаточно хорошо знающие истину, склонны думать, что справедливости ради нужно доказать невиновность человека.

Даже если вы обижены и терпите лишения, вы на самом деле ничего не теряете. В действительности же потеряет сатана, а праведность только обретет, если мы будем жить в истине. Бог пребывает в праведности и видит сердца людей. Хотя в какой-то момент вам может показаться, что вы чего-то лишаетесь, Бог обязательно обратит вам все во благо в положенное время.

Словом, между братьями по вере судебных тяжб быть не должно, и неправедные поступки членов Коринфской церкви лишь показывали, что зло в их среде еще не было изжито. Нечестивые люди в этой церкви делали вид, что являются детьми Божьими и живут по истине. Но позже выяснилось, что они чадами Божьими не являлись и по истине не жили. В конечном итоге, они просто обманывали друг друга.

Ничего неправедного, подобного этому, не должно происходить в церкви. Даже тогда, когда неверующие судятся с членами своей семьи, люди считают это порочным. А как это еще может быть воспринято, когда судебные тяжбы ведутся между братьями, верующими в Бога? Если подобное происходит, то это указывает на неправедность человека.

В Послании Иакова, 1:22, говорится: *«Будьте же исполнители слова, а не слышатели только, обманывающие самих себя»*. То есть сказано, что если вы просто слышите, но не исполняете Слово, то вы обманываете самого себя. Если бы верующие Коринфа в действительности верили в Бога, они бы не судились друг с другом.

В восьмом стихе говорится: «Но вы [сами] обижаете и отнимаете, и притом у братьев». И это означает, что судиться с братом и говорить после этого, что я верую в Бога, неправедно. Поэтому поступающие подобным образом обманывают самих себя.

Бог говорит нам любить даже своих врагов. Он дал нам возможность получить спасение, принеся в жертву Своего Единственного и Единородного Сына на кресте. Те, кому дана эта благодать безвозмездно, не должны судить братьев по вере.

Смертные грехи

«Или не знаете, что неправедные Царства Божия не наследуют? Не обманывайтесь: ни блудники, ни идолослужители, ни прелюбодеи, ни малакии, ни мужеложники, ни воры, ни лихоимцы, ни пьяницы, ни злоречивые, ни хищники – Царства Божия не наследуют» (6:9-10).

Верующие, если они неправедны, Царства Божьего не наследуют. Это значит, что они не будут спасены. Слово Божье, прежде всего, предназначено для верующих; у неверующих же нет никакой связи со Словом Божьим.

Таким образом, под «неправедными» здесь подразумеваются те, кто считают себя верующими, но по Слову Божьему не живут. Они не будут спасены.

В Евангелии от Матфея, 7:21, Иисус сказал: *«Не всякий, говорящий Мне: „Господи! Господи!", войдет в Царство Небесное, но исполняющий волю Отца Моего Небесного».*

И даже если мы действуем как пророки – демонстрируем мощные деяния, изгоняем демонов, Господь скажет, что Он не знает нас, если мы живем, творя беззаконие.

Мы не можем быть спасены, просто говоря, что верим в Господа, соблюдаем День Господень, платим десятины и помогаем нуждающимся. Мы получаем спасение, живя по Слову Божьему. Но если мы многое делаем для Бога, однако, при этом нарушаем законы, Иисус скажет: «Я никогда не знал вас» (От Матфея, 7:23).

Не осознав, насколько это важно, мы можем быть введены в заблуждение. Обмануть нас могут не только неверующие. Мы можем быть сбиты с толку и теми, кто называют себя верующими, но при этом ведут себя нечестиво, не живут по Слову Божьему.

Некоторые верующие утверждают, что в вере мы не должны придерживаться крайних взглядов. Они уговаривают нас в воскресенье посетить только утреннее богослужение, а днем пойти на рыбалку, в горы, на пикник. Они говорят, что некоторые старейшины церкви принимают спиртное, так что и мы тоже можем выпить пару бокалов. Но Бог говорит нам не обманываться подобными словами.

Что же является неправедностью? В восьмом стихе говорится, что судиться с братом по вере – это неправедный поступок. Кроме того, неправедность – это все, что враждебно истине, это каждое действие, которое не соответствует Слову Божьему.

В девятом и десятом стихах называются некоторые проявления неправедности.

Блуд – это порочные и непристойные сексуальные отношения. Идолослужение – это не только поклонение образам, сделанным из золота, серебра, камней или металла, но также чувство любви к чему-то или к кому-то, которое сильнее любви к Богу. Прелюбодеяние – это сексуальные отношения между мужчинами и женщинами, связь которых не была по Закону признана Богом.

Малакии – это женоподобные мужчины, чье поведение, внешний вид и манера говорить больше похожи на девичьи. Малакии, в основном, встречаются в миру, но иногда их можно встретить и в церкви тоже. Например, некоторые мужчины предпочитают женское общество, и во многом сами ведут себя, как женщины.

Мужеложники не имеют прощения Божьего, и эти люди не могут получить спасения. Тому, кто занимался мужеложеством, прежде чем прийти к Богу, чтобы получить прощение, необходимо покаяться и отвратиться от этого. Но если они будут продолжать делать то же самое, они не смогут получить спасения.

У значения слова «вор» есть множество оттенков, но, в общем, оно означает кражу чужой собственности, совершаемую в помыслах или на деле. Иуда Искариот тоже был вором. Он воровал деньги, говоря, что помогает бедным.

Далее говорится о лихоимцах и пьяницах. Бог не в восторге от пьющих людей. От алкоголя нет никакой пользы. Люди принимают спиртные напитки ради удовольствия. Но это не значит, что они полезны для здоровья. Если мы живем в Иисусе Христе и в истине, то мы, естественно, должны бросить пить.

Библия учит нас не «упиваться вином» (Посл. к Ефесянам, 5:18). Когда мы принимаем алкоголь, мы теряем контроль над своим телом и разумом, и мы будем делать то, что враждебно истине. Кто-то может сказать, что немного выпить можно, потому что Библия говорит нам «не упиваться».

Однако, если вы выпьете только бокал, вы уже в какой-то степени захмелеете. Алкоголь проникнет во все части вашего тела. Если вы примете немного, вы будете немного пьяны; если вы выпьете больше, то и захмелеете, соответственно, больше. Так что говорить о том, что выпить пару бокалов вина – это нормально, не приходится.

О злоречивых и хищниках уже говорилось в пояснениях к одиннадцатому стиху пятой главы. Злоречивые используют непотребные слова, а хищники обманным путем завладевают чужими деньгами или имуществом. Подобные люди Царства Небесного не наследуют, что, другими словами, означает, что они не войдут в Царство Небесное.

Итак, если вы все еще совершаете подобные нечестивые дела, то вам следует немедленно исповедать свои грехи и отступиться от них. Бог верен и праведен, Он простит нам грехи наши и очистит нас от всякой неправды (1-е посл. Иоанна, 1:9). Но продолжать грешить даже после исповедания своих грехов, а затем опять обещать не грешить, значит глумиться над Богом.

> **«И такими были некоторые из вас; но омылись, но освятились, но оправдались именем Господа нашего Иисуса Христа и Духом Бога нашего» (6:11).**

Многие из нас были такими же нечестивыми людьми, а теперь, уверовав в Иисуса Христа, получили Святого Духа. Святой Дух позволяет нам осознать, что есть грех, и дает нам веру.

Когда мы каемся и отрекаемся от грехов, Кровь Господа очищает нас. Хотя в прошлом мы и согрешили, покаявшись и вернувшись на путь истинный, мы очищаемся через Кровь Иисуса Христа, Который был распят за нас. Таким путем можно получить спасение.

Но если мы утверждаем, что веруем в Бога, а сами при этом продолжаем творить неправедные дела, то Бог не признает истинной такую веру, и мы не сможем быть спасены. Бог признает нашу веру и спасет нас, если мы будем стараться жить по Слову Божьему и бороться за то, чтобы отбросить свои грехи. И видя, как мы сражаемся против грехов и становимся все более и более освященными, Бог признает нас праведными.

«Все мне позволительно, но не все полезно; все мне позволительно, но ничто не должно обладать мною» (6:12).

Слова «все мне позволительно» означают, что у нас есть свобода выбора – жить в истине или в неправедности. Все зависит от того, что мы предпочтем. Но не каждый выбор будет полезен для нас. И только жизнь в Иисусе принесет реальную пользу.

Чтобы наследовать Царство Небесное, мы должны во всем придерживаться истины, не руководствуясь ничем другим. Нам нужно твердо следовать воле Божьей. Имея подобную веру, мы не будем колебаться даже тогда, когда наши родители или руководители попытаются воспрепятствовать нашей жизни в истине.

Как-то одна верующая обратилась ко мне, попросив молиться за нее. Я помнил, что однажды она уже получила исцеление от своей болезни и даже свидетельствовала об этом в церкви.

«Пастор, пожалуйста, молитесь обо мне. Я парализована, не могу пошевелиться, не в состоянии двинуть ни рукой, ни ногой». – «Сестра, ты не хранила День Господень, почему ты так поступала? Ты должна была, поскольку получила благодать Божью! Так почему же ты этого не делала?» – «Я работала по воскресеньям, так как боялась своего мужа».

Она, услышав о мощных деяниях Бога, пришла в нашу церковь и была исцелена от своей болезни. Но позже она пошла на компромисс с миром, боясь гонений со стороны мужа.

В Евангелии от Матфея, 10:28, Иисус говорит: *«И не бойтесь убивающих тело, души же не могущих убить; а бойтесь более того, кто может и душу и тело погубить в геенне»*. Если вы обладаете истинной верой, то не оскверняйте Дня Господня, который заповедовал нам Бог, даже под угрозой гонений и побоев.

Тем, кто веруют в Бога и молятся, все содействует ко благу. Бог приведет к спасению даже тех, кого преследовали родители и супруги. Если мы бескомпромиссно храним свою веру, то в какой-то момент можем столкнуться с гонениями в семье, но в конечном итоге мы будем способны привести к Богу и свою семью.

Страх преследования может отдалить нас от спасения. Поэтому нам следует смело следовать воле Божьей и поступать согласно истине, не боясь никаких препятствий.

Ради чего мы должны жить?

«Пища для чрева, и чрево для пищи; но Бог уничтожит и то и другое. Тело же не для блуда, но для Господа, и Господь для тела. Бог воскресил Господа, воскресит и нас силою Своею. Разве не знаете, что тела ваши суть члены Христовы? Итак отниму ли члены у Христа, чтобы сделать [их] членами блудницы? Да не будет!» (6:13-15)

Пища необходима для жизни. Когда мы едим, получая необходимые питательные вещества, мы тем самым поддерживаем в себе жизнь. Но в результате еда превращается в тлен. И когда Бог призовет наш дух, то и наше тело тоже превратится в тлен.

Таким же образом в тлен превратится и все остальное. Ради чего тогда нам следует жить? Зная, что мы не сможем наследовать Царства Божьего, если не отречемся от таких неправедных поступков, как блудодеяние, идолослужение, мужеложество, воровство, злоречие, пьянство, лихоимство, разве мы можем поступать неправедно?

И далее. Как следует понимать слова «тело же не для блуда, но для Господа, и Господь для тела»? Иисус умер на кресте, чтобы довести нас до Небесного Царства, поэтому «Господь для тела», поэтому мы можем наследовать Царство Небесное.

Нам не избежать ада, если будем продолжать жить, как грешники, в неправедности. Таким образом, это очевидно, что мы должны жить для Господа, Который заботится о нашем духе и благодаря силе Божьей ведет нас в Царство Небесное.

В стихе четырнадцатом говорится: «Бог воскресил Господа, воскресит и нас силою Своею». Он даст нам совершенное воскресшее тело, которое будет нетленным.

В пятнадцатом стихе написано: «Разве не знаете, что тела ваши суть члены Христовы? Итак, отниму ли члены у Христа, чтобы сделать [их] членами блудницы? Да не будет!» Иисус говорил: *«Я есмь лоза, а вы – ветви»* (От Иоанна, 15:5). Мы являемся ветвями, растущими из виноградной лозы, то есть мы – одно с лозой. Мы едины в Господе, и все мы – члены Его тела.

Насколько свято Тело Господа? Оно безупречно и безвинно. Значит, и части Его тела тоже должны быть святы. У дерева есть немало ветвей. Если одна из ветвей заболевает, нам нужно спилить ее, чтобы все дерево оставалось здоровым. Точно так же, если гангрена затронула одну из наших рук, мы не можем не обратить на это внимание, и руку, скорее всего, придется ампутировать.

Что если одна из частей тела запачкалась сразу же после того, как мы приняли душ? Мы не можем просто лечь в постель, сказав себе: «Да ладно, остальные-то части тела чистые». Мы, наверняка, сразу смоем грязь.

Следовательно, Божьи дети, которые являются членами непорочного и безвинного тела Господа, должны быть тоже непорочными. Если они нечисты, им следует немедленно отмыться.

Духовный смысл слова «блудница»

«Или не знаете, что совокупляющийся с блудницею становится одно тело [с нею?] ибо сказано: „два будут одна плоть". А соединяющийся с Господом есть один дух с Господом. Бегайте блуда; всякий грех, какой делает человек, есть вне тела, а блудник грешит против собственного тела» (6:16-18).

Прежде апостол Павел предупреждал членов Коринфской церкви, которые были частью Тела Христова, не становиться частью тела блудницы. Здесь слово «блудница» вобрало в себя разные проявления неправедности, о которой уже говорилось прежде.

Этот термин объединил блудников, идолослужителей, прелюбодеев, малакий, мужеложников, воров, лихоимцев, пьяниц, злоречивых, хищников. Мы не можем превращать Тело Христово в тело блудницы, то есть в тело, оскверненное неправедностью.

Наш Господь имел святое и чистое Тело. Поэтому мы не можем дискредитировать Господа, становясь порочными. Издавать неприятный запах вместо благоухания Христа – значит бесчестить Бога.

Мы не можем быть неправедными. Мы дети Божьи, омытые драгоценной Кровью Господа. Поэтому мы не можем поступать неправедно, а если это все-таки случилось, то от любой неправедности нужно немедленно избавиться.

В Послании к Римлянам, 1:18, написано: *«Ибо открывается гнев Божий с неба на всякое нечестие и неправду человеков, подавляющих истину неправдою»*. В Послании к Колоссянам, 3:25, мы читаем: *«А кто неправо поступит, тот получит по своей неправде, [у Него] нет лицеприятия»*.

Бог смотрит не на внешний вид, а на сердце. Приятная внешность человека не имеет никакого значения, если он исполнен неправедностью изнутри. Бог не выбирает людей по их наружности, поэтому важно меняться сердцем. Мы не должны вести себя благочестиво только с виду. Чтобы стать непорочными и праведными детьми Божьими, нам следует каждый день омывать свое сердце Кровью Господа.

Даже человеку, пребывающему в Боге, бывает трудно понять смысл духовности. Чтобы людям было легче осознать суть духовности, в шестнадцатом и семнадцатом стихах даются пояснения в иносказательной форме.

Мужчина оставляет своих родителей и становится одной плотью с женой своей (Бытие, 2:24), и точно так же совокупляющийся с блудницей становится с ней единой плотью.

В духовном плане это означает, что Коринфяне должны были стать едиными с Христовым телом, но не стали. Иисус, наш Жених, является Истиной. И нам следует слиться со Словом Божьим; однако если мы следуем за неправдой, то будем одной плотью с блудницей.

Как уже объяснялось, слово «блудница» применимо к разного рода нечестивым делам, враждебным истине. Если мы сближаемся с блудницей, то становимся едиными с ней; точно так же и дружба с миром, жизнь не по Слову Божьему – тот же блуд, то же слияние с блудницей. Если мы становимся нечистыми, став одной плотью с блудницей, мы не можем быть спасены.

Тот, кто объединяется с Господом, станет единым в духе с Господом. Святой Дух дозволяет нам постичь Слово Божье и поверить в него, и Он указывает нам на наши грехи, чтобы мы отбросили их.

Так как мы все больше и больше стараемся жить в истине, то мы рождаем дух благодаря Духу Святому. Когда мы отрекаемся от неправды и живем, во всем следуя истине, тогда мы становимся людьми полного духа. На этом уровне мы обретаем сердце Иисуса Христа (Посл. к Филиппийцам, 2:5), и Дух Господа становится единым с нашим духом.

В восемнадцатом стихе написано: «Бегайте блуда; всякий грех, какой делает человек, есть вне тела, а блудник грешит против собственного тела».

Есть два типа блуда. Физический блуд подразумевает сексуальную распущенность. Однако нам следует знать также и о духовном блуде.

Бог иногда изображается в качестве Жениха Своего народа.

В Ветхом Завете тот, кто не соблюдал заповеди Божьи, поклонялся идолам или совершал другие греховные поступки, считался прелюбодеем. То есть, если мы не пребываем в Слове Божьем, мы блудодействуем.

Что же тогда означают слова «всякий грех, какой делает человек, есть вне тела»?

Когда мы отбрасываем свои грехи, мы прерываем связь с ними, так как теперь они существуют вне нашего тела. Мы обретаем свободу от греха, получаем независимость в истине. У нас есть связь с грехами, пока они есть в нас самих. Если отсечь их от себя и жить в свете и истине, мы не будем иметь ничего общего с грехом.

Предположим, у вас и в помыслах нет кого-то ненавидеть или убивать. Тогда к вам подобные грехи не будут иметь никакого отношения – они будут существовать вне вашего тела. Но те, кто совершают блудодеяния, соглашаются на компромиссы с миром, те объединяются с грехами, существующими вне их тела, и в результате становятся единой плотью с неправедностью.

> «Не знаете ли, что тела ваши суть храм живущего в вас Святого Духа, Которого имеете вы от Бога, и вы не свои? Ибо вы куплены [дорогою] ценою. Посему прославляйте Бога и в телах ваших и в душах ваших, которые суть Божии» (6:19-20).

Кто дал нам наше тело? Его дал нам Бог Творец. Во времена Ветхого Завета в людских сердцах не было Духа Святого. Бог вдохновлял их извне, давая им пророчества. Таким образом люди не могли поддерживать связь с Богом продолжительное время. Когда вдохновение проходило, они должны были выживать благодаря собственной силе воли. Однако в эпоху Нового Завета мы уже можем общаться с Богом постоянно, поскольку Дух Святой пребывает в нашем сердце.

Это означает, что наше сердце стало храмом, где обитает Святой Дух. Как это славно и ценно для нас! Так как Святой Дух обитает в нас, мы не должны становиться едиными с плотью блудницы, то есть с неправедностью. Святой Дух настолько чист и свят, что станет скорбеть, если ему придется обитать в грязном и непристойном месте!

Живя в истине, мы можем иногда совершать греховные поступки. В этом случае мы ощущаем внутри себя какую-то тяжесть, дискомфорт. Это Дух Святой скорбит, потому что Ему приходится быть в непристойном месте. Что же делать в этом случае? Нам следует покаяться и вернуться на путь истинный, чтобы угодить Святому Духу.

В приведенном выше отрывке есть слова «вы не свои». Раньше мы жили, как хотели, жили в грехе, поступали неправедно. Но Господь обрел нас ценой Своей Крови. Он выкупил нас Своей Кровью, и мы теперь не можем больше жить по собственному усмотрению.

Мы должны жить по воле Бога и Господа. Мы должны сражаться с грехами и жить в святости. Поскольку мы больше не свои, мы не должны пользоваться своим телом, как собственным.

Наш Господь выкупил нас, пролив Свою пречистую и святую Кровь. Он дал нам благодать и жизнь вечную такой ценой, что в этом мире нам нечего дать Ему взамен. Поэтому мы должны прославить Бога в телах своих.

Мы должны прославлять Бога и источать благоухание Христа, побуждая многих неверующих сказать: «Когда я вижу тебя, мне тоже хочется посещать церковь». К этому призваны верующие в Бога.

В 1-м послании к Коринфянам, 10:31, сказано: *«Итак, едите ли, пьете ли, или иное что делаете, все делайте в славу Божию»*. Послание к Римлянам, 14:7-9, говорит нам: *«Ибо никто из нас не живет для себя, и никто не умирает для себя; а живем ли – для Господа живем; умираем ли – для Господа умираем: и потому, живем ли или умираем, – [всегда] Господни. Ибо Христос для того и умер, и воскрес, и ожил, чтобы владычествовать и над мертвыми и над живыми».*

Если мы по-настоящему веруем в Бога, мы должны отбросить неправедность и стать едиными с Господом в истине. Едим ли мы, пьем ли мы, что бы мы ни делали, мы должны своей жизнью прославлять Бога.

Глава 7

Брак

— Желательная семейная жизнь
— Духовный смысл слова «уклоняться»
— «Желаю, чтобы все люди были, как и я»
— Развод
— В соответствии с мерой веры
— Различия между внешними поступками и соблюдением заповедей
— Хорошо человеку оставаться так
— Положение родителей дев, вдов и вдовцов

Желательная семейная жизнь

«А о чем вы писали ко мне, то хорошо человеку не касаться женщины. Но, [во избежание] блуда, каждый имей свою жену, и каждая имей своего мужа. Муж оказывай жене должное благорасположение; подобно и жена мужу. Жена не властна над своим телом, но муж; равно и муж не властен над своим телом, но жена» (7:1-4).

Павел сказал, что мужчине лучше не касаться женщины. Он хотел предотвратить появление каких бы то ни было искушений в церкви.

Предпочтительно, чтобы мужчина не касался женщины, поскольку в эти последние времена нам лучше жить для Бога, готовя себя как невесту Господа, так как Иисус вновь придет на эту землю. Но если мы, оставаясь неженатыми, будем заниматься блудом, то лучше вступить в брак.

Допустим, что вы отказались от супружеской жизни

ради того, чтобы посвятить себя служению Богу, но потом стали заниматься блудом, и Бог оставил вас. Данная ситуация весьма печальна! Если так, то, во избежание греха, лучше вступить в брак.

В третьем стихе говорится, что муж и жена должны исполнять свои супружеские обязанности по отношению друг к другу: мужу нужно оказывать жене и, соответственно, жене мужу должное благорасположение. Что означают эти слова? Муж должен вести за собой семью в истине. Он должен быть твердым и мужественным, каким Бог велел быть Иисусу Навину (Кн. Иисуса Навина, 1:6-9). Наряду с сугубо мужскими качествами, каждый мужчина должен обладать и такими чертами характера, как старательность и добросовестность.

Быть твердым и мужественным – не значит быть жестоким. Он должен быть способным принять и заключить в объятия других, кротко исполнять свой долг по отношению к своей жене и остальным членам семьи.

А каковы тогда обязанности жены? Жена не должна хвалиться, повышать голос; она должна быть покорной, спокойной и терпеливой во всем. Она должна также наставлять своих детей в истине.

Действительно ли мы не властны над своим телом?

Как же следует понимать слова о том, что мы не властны над своим телом?

Супружеская пара – это не две отдельные личности, это одно тело. Муж не властен над своим телом, так же как и жена. Их сердца должны слиться воедино, миролюбиво решая все вопросы.

В Книге Бытия, 2:24, говорится: *«Потому оставит человек отца своего и мать свою и прилепится к жене своей; и будут одна плоть»*. Поскольку супруги – одна плоть, они не могут настаивать на собственном мнении.

Когда муж печалится, жена должна печалиться вместе с ним. Когда жена радуется, муж должен радоваться вместе с ней. Они должны стать одним сердцем и разумом.

Мужчина занимает главенствующее положение в браке. Однако супругам следует уважать полномочия друг друга. Если муж признает авторитет жены, то он не будет настаивать только на своем мнении.

Духовный смысл слова «уклоняться»

«Не уклоняйтесь друг от друга, разве по согласию, на время, для упражнения в посте и молитве, а [потом] опять будьте вместе, чтобы не искушал вас сатана невоздержанием вашим. Впрочем, это сказано мною как позволение, а не как повеление» (7:5-6).

Сказано: «Не уклоняйтесь друг от друга», и мы должны понимать духовный смысл этих слов. Здесь говорится о наших сердцах.

Это означает, что муж и жена не должны делить свои сердца, их сердца должны быть едины в истине. Очень трудно одинаково мыслить, но иметь единое сердце возможно. Верующие живут в истине, а поскольку истина одна, то мы можем обрести единое сердце.

И далее говорится: «…разве по согласию, на время,

для упражнения в посте и молитве, а потом опять будьте вместе». Если их сердца не объединятся в одно, то сатана станет искушать их. Когда нет единства сердец, тогда супруги будут чувствовать одиночество или беспокойство, и ситуацией воспользуется сатана, начав совращать их. В результате они могут даже согрешить, поэтому нужно как можно быстрее обрести единое сердце.

Однако иногда они не имеют возможности быть вместе физически. Они вынуждены жить порознь, исполняя свои обязанности, связанные со служением Богу, с бизнесом, работой, личными делами.

Супруги вынуждены будут «уклоняться друг от друга», если один из них уходит в горы молиться, принося Богу 100-дневную молитвенную жертву. И это делается с благородной целью. Но когда молитва завершится, они вновь должны быть вместе.

Но есть один аспект, когда необходимо проявлять осторожность. Предположим, мы хотим пойти в церковь и молиться там всю ночь. Тогда, прежде чем сделать это, следует заручиться согласием супруга. Если муж или жена не уважают мнение друг друга, а поступают так, как им вздумается, то это может породить ссоры. Значит, нарушится мир, а это неугодно Богу. Это может также сбить с пути их детей. Поэтому при любых обстоятельствах муж и жена должны жить в мире.

Данный стих вобрал в себя два значения – и физическое,

и духовное, но на самом деле они довольно схожи. Иисус – наш Жених, а мы его невесты. Так что, мы должны быть едины с нашим Господом Иисусом, Который является Истиной. В свою очередь, быть единым с Христом – значит быть единым и с сердцем Бога. В Послании к Филиппийцам, 2:5, сказано: *«Ибо в вас должны быть те же чувствования, какие и во Христе Иисусе».* Для того чтобы сделать это, мы должны пребывать в истине. Мы едины с Иисусом Христом, потому что Его сердце и есть сама Истина.

А что если мы уклоняемся от Бога? Очевидно, что сатана будет искушать нас. Если мы не объединены в истине, то это означает, что мы ориентированы на мир; что мы поддадимся соблазну совершить грех; что сатана будет насмехаться над нами, глядя на наши страдания, которые являются следствием грехов. Но если наше сердце объединится с Господом в истине, то это будет означать, что мы полностью живем по воле Божьей, и никакие испытания и искушения нам не угрожают. Но даже если они и придут, Бог все обратит нам во благо.

В шестом стихе сказано: «Впрочем, это сказано мною как позволение, а не как повеление». До того как апостол Павел принял Господа, он был очень активным и сильным молодым мужчиной. Приняв Господа, он всегда радовался и благодарил Его; он изменился, став святым человеком, который уподобился Господу.

Так как он был полон благородства и любви, он не

командовал другими, указывая, что им делать, а лишь старался вразумить их. Даже будучи апостолом, он ничего не требовал от своих овец, он лишь учил и наставлял их в Слове Божьем. Если мы являемся лидерами церкви, мы не должны командовать: нужно руководить людьми, показывая пример, уступая им и ободряя их.

Существует время, когда вся паства должна поститься и молиться о том, что имеет отношение к Царству Божьему. Но даже в подобных случаях я лишь говорю: «Мы собираемся сделать это согласно воле Божьей. Если у вас есть побуждение и возможность, то вы можете присоединиться. Однако вам следует принять добровольное решение в соответствии с работой Духа Святого».

Но иногда я вижу, как некоторые лидеры придерживаются командного стиля руководства. Меня это очень огорчает, и я советую им, говоря: «Иисус пришел не для того, чтобы Ему служили, а для того, чтобы Самому служить. Мы должны считать себя менее значимыми, чем другие».

Не только в церкви, но и в семье, в отношениях между родителями и детьми, а также в обществе, во взаимодействии между руководителями и подчиненными, какими бы узами мы ни были связаны с людьми, мы должны, как апостол Павел, проявлять смирение, которое олицетворяет сердце Господа. Это сердце, способное наставлять и вести за собой людей с любовью и великодушием, а не приказами и командами.

«Желаю, чтобы все люди были, как и я»

«Ибо желаю, чтобы все люди были, как и я; но каждый имеет свое дарование от Бога, один так, другой иначе» (7:7).

Апостол Павел говорил, слушая ясный голос Святого Духа, ощущая Его вдохновение и водительство. Следовательно, то, что он говорил, было Божьим словом.

Он сказал: «Ибо желаю, чтобы все люди были, как и я». Почему же он не сказал, что хотел бы, чтобы все люди походили на Иисуса Христа, а сказал о сходстве с собой?

Безмерно любя Бога и действуя так, как велит истина, он обрел сердце Господа. Он хотел, чтобы все последовали его примеру. Что еще мы можем почерпнуть из его слов? Павел не был женат. Все три своих миссионерских путешествия он провел, не имея спутницы жизни.

В 1-м послании к Коринфянам, 9:5-12, Павел написал о том, что у него было право взять с собой жену, как это сделали остальные апостолы и братья Господни, и Кифа. Но он поступился этим ради проповеди Евангелия. При этом он сказал, что хотел бы, чтобы «все люди были как и я».

Однако в стихе седьмом говорится, что «каждый имеет свое дарование от Бога». В данном случае не имеется в виду дар говорить иными языками, проповедовать или исцелять. Речь идет о благодати, даруемой Богом.

Все мы получаем ту или иную благодать от Бога. Более того, мы спасены от гибели в аду и обрели жизнь вечную. Мы были детьми дьявола, а стали чадами Божьими, и наши имена записаны в Книге жизни на Небесах. И это лишь часть данной нам благодати!

Однако уровень восприятия даруемой нам благодати у всех людей разный. Одни скажут, что хотят посвятить свою жизнь исключительно Богу. Данная им благодать настолько велика, что они не хотят вступать в брак.

Если бы я принял Господа и знал истину до того, как я женился, я бы тоже жил, как апостол Павел. Благодать, данная мне Богом, была настолько велика, что я всем сердцем, разумом, душой, всеми силами и всей жизнью хотел отплатить за Его благодать, оставаясь верным Ему. Если однажды полученная благодать так велика, то человеку лучше не вступать в брак, как апостол Павел.

«Безбрачным же и вдовам говорю: хорошо им

оставаться, как я. Но если не [могут] воздержаться, пусть вступают в брак; ибо лучше вступить в брак, нежели разжигаться» (7:8-9).

Павел говорит, что тем, кто не состоит в браке, а также вдовам, лучше оставить все как есть и походить на него. В чем причина этого?

Если они обзаведутся семьей, то им придется заботиться о ней и одновременно служить Богу. Тогда их мысли разделятся на две части. Мужу может не понравиться, что жена уходит молиться. Он может хотеть, чтобы она осталась с ним. Есть люди, которые до вступления в брак усердно работали для Бога, однако, женившись или выйдя замуж, они стали растить детей, заботиться о нуждах семьи и проявлять леность в служении Богу. Вот почему Павел говорил, что лучше оставаться безбрачным.

Но он также сказал, что вам лучше вступить в брак, если вы не можете воздерживаться. Если мы, видя, как другие люди женятся и строят семейную жизнь, чувствуем, что нам тоже этого хочется, то лучше вступить в брак.

В Евангелии от Матфея, 5:28, сказано: *«А Я говорю вам, что всякий, кто смотрит на женщину с вожделением, уже прелюбодействовал с нею в сердце своем»*. Лучше уж быть в браке, иметь хорошую семью, которая служит Богу, чем быть одиноким и прелюбодействовать. Выйти замуж или жениться – это не грех, и Бог в этом случае не скажет, что вы Его разочаровали.

Развод

«А вступившим в брак не я повелеваю, а Господь: жене не разводиться с мужем, – если же разведется, то должна оставаться безбрачною, или примириться с мужем [своим], – и мужу не оставлять жены [своей]. Прочим же я говорю, а не Господь: если какой брат имеет жену неверующую, и она согласна жить с ним, то он не должен оставлять ее; и жена, которая имеет мужа неверующего, и он согласен жить с нею, не должна оставлять его» (7:10-13).

В шестом стихе совет Павла носил рекомендательный характер, почему же теперь он говорит, что это повеление? Когда ты доводишь до сведения людей Слово Божье, то это – повеление. Если ты выражаешь свое мнение, то это лишь точка зрения. Мы должны понимать разницу между мнением и повелением.

Павел говорит, что это повеление, потому что

высказывает не личное мнение, а волю Божью. Когда служитель выражает волю Божью, он не может сказать: «Лучше было бы сделать так-то, пожалуйста, сделайте это». Он должен приказать, поскольку такова воля Божья.

В этом отрывке говорится, что те, кто состоят в браке, не должны оставлять супругов. Это значит, что они не должны жить врозь или разводиться. Но если это все же произойдет, то им не следует вновь вступать в брак, а лучше оставаться одним или примириться со своей половиной.

В отличие от неверующих, верующим не пристало расставаться или разводиться. Хотя супруги могут не сойтись характерами или разойтись во мнении, они должны понять друг друга и пойти на уступки. Долг верующих – любить, объединяться и прощать.

И еще здесь сказано: «...мужу не оставлять жены своей». Это означает, что муж не должен первым предлагать развод. Так могут поступать только неверующие, но никак не верующие.

В двенадцатом и тринадцатом стихах говорится: «Прочим же я говорю, а не Господь: если какой брат имеет жену неверующую, и она согласна жить с ним, то он не должен оставлять ее; и жена, которая имеет мужа неверующего, и он согласен жить с нею, не должна оставлять его». Эти слова не являются волей Божьей, они выражают мнение самого Павла. Но оно, практически, совпадает с волей Божьей, потому что апостол Павел отчетливо слышал голос Святого Духа и поступал так, как велел Господь.

Старозаветный Закон предписывал Израильтянам не вступать в брак с язычниками. Аналогично этому, в Новом Завете сказано, чтобы верующие не женились и не выходили замуж за неверующих.

Почему же тогда возникают ситуации, когда один из супругов оказывается неверующим? Предположим двое неверующих поженились, а позже один из супругов стал посещать церковь и уверовал. В этом случае все сложится прекрасно, если муж и жена вместе станут прихожанами церкви и примут Господа, но так бывает не всегда.

2 Представьте, что жена не принимает Евангелие. А верующий муж не может сказать: «Я хочу развестись, потому что ты не ходишь в церковь». Если неверующая жена, несмотря ни на что, хочет жить с верующим мужем, он не должен с ней разводиться.

То есть это та самая ситуация, которая подразумевается под словами «и она согласна жить с ним». То же и в случае, когда жена становится верующей, а муж – нет. Но это не означает, что если муж или жена не согласны жить со своими половинами, то развод обязателен.

> «Ибо неверующий муж освящается женою (верующею), и жена неверующая освящается мужем (верующим). Иначе дети ваши были бы нечисты, а теперь святы» (7:14).

Этот отрывок говорит нам о том, что мы не должны разводиться со своими неверующими мужем или женой и почему. Например, когда жена верующая, а муж нет, жена будет молиться за своего мужа и стараться обратить его к Богу. К тому же жена, которая прежде ссорилась с мужем и злилась на него, становится мягкой, доброй, она служит мужу, и его сердце, в конечном итоге, должно открыться.

Когда жена говорит мужу о своем опыте в вере, доносит до него Слово Божье, то вначале будет казаться, что ему это все не интересно, но Слово понемногу будет сеяться в его сердце. И в итоге все эти семена прорастут, давая ему шанс принять Господа. Как только муж начнет посещать церковь и жить по Слову истины, он будет постепенно становиться освященным.

Гораздо реже встречаются ситуации, когда муж верующий, а жена – нет, но, по сути своей, это то же самое. Если семья под лидерством мужа становится образцовой, если он помогает жене вести домашнее хозяйство, время от времени делает ей небольшие подарки, уделяет ей внимание, очень любит ее, то жена должна будет прислушаться к нему. И в конце концов она может тоже принять Евангелие, слушать Слово, посещать церковь и стать освященной.

В четырнадцатом стихе сказано: «Иначе дети ваши были бы нечисты, а теперь святы». Что это означает? В том случае, когда только один родитель посещает церковь, ребенок обычно находится под большим влиянием неверующего родителя.

Предположим, муж посещает церковь, а жена – нет. Тогда жена не будет послушна мужу. Как правило, в этих случаях жена проявляет гораздо большее упорство, чем муж. Поэтому дети, находясь под влиянием неверующей матери, не обретут веры.

А теперь представьте, что жена верующая, а муж – нет. В этом случае муж не только не станет прислушиваться к своей жене, но еще и будет преследовать ее. К тому же своим примером он научит детей не ходить в церковь. Следовательно, четырнадцатый стих показывает, что, когда оба родителя неверующие или когда неверующим является один из родителей, детям не так просто стать освященными.

И в конце стиха сказано: «...а теперь святы». Позвольте мне объяснить значение этих слов. Когда один из родителей живет, показывая пример, и постоянно проповедует Евангелие своему супругу, то в конечном итоге оба они станут верующими. Они оба будут все больше и больше меняться в истине. А когда родители станут святыми, то и их дети, вполне естественно, будут святы, как их родители.

> «Если же неверующий [хочет] развестись, пусть разводится; брат или сестра в таких случаях [не связаны]; к миру призвал нас Господь. Почему ты знаешь, жена, не спасешь ли мужа? Или ты, муж, почему знаешь, не спасешь ли жены?» (7:15-16)

Это означает, что если неверующие муж или жена хотят развода, то верующий супруг может разводиться. Но это не означает, что нам следует разводиться с неверующими супругами. Это допустимо только при чрезвычайных обстоятельствах.

Например, что вы должны делать, если ситуация вынуждает вас выбирать между мужем и церковью? Вы не можете предпочесть своего мужа Богу и отправиться в ад. Если ваш муж заявляет: «Я скорее разведусь, чем позволю тебе посещать церковь!» – тогда не грех и развестись.

В этом случае, если женщина, боясь преследования или развода, оставит Бога и отвернется от Него, то это, в первую очередь, будет свидетельствовать о том, что в ней нет веры.

В Евангелии от Матфея, 10:28, говорится: *«И не бойтесь убивающих тело, души же не могущих убить; а бойтесь более того, кто может и душу и тело погубить в геенне».* Люди могут убить тело, но не душу.

Люди могут управлять физической жизнью в этом сиюминутном мире, но только Бог может отправить душу либо на Небеса, либо в ад. Так что нам следует больше бояться Бога, чем человека. Мы должны повиноваться Слову Божьему с благоговейным страхом перед Ним.

Но мы не можем с легкостью думать о разводе. Понять сердце Божье можно из фразы, утверждающей, что «к миру призвал нас Господь». То есть Бог хочет, чтобы мы имели мирную и достойную семью. Вот почему нам нужно постараться не разводиться, а сделать все для того, чтобы наш брак был прекрасным, доставлял нам удовольствие и чтобы неверующие супруги могли получить через нас спасение.

В соответствии с мерой веры

«Только каждый поступай так, как Бог [ему] определил, [и] каждый, как Господь призвал. Так я повелеваю по всем церквам. Призван ли кто обрезанным, не скрывайся; призван ли кто необрезанным, не обрезывайся» (7:17-18).

Господь дал нам Святого Духа, чтобы довести нас до Царства Небесного. И Дух Святой дозволяет нам познать истину и осознать грех. Святой Дух спасает нас по вере.

Слова «каждый поступай так... как Господь призвал» означают, что мы должны поступать по мере своей веры. Мы можем поступать лишь согласно благодати, которая дается нам по мере роста нашей веры.

Мы не можем оказывать давление на только что пришедших в церковь, говоря: «Вы должны закрывать свой магазин в воскресные дни», или: «Вы будете наказаны, если не станете платить десятины». Если детям, которые могут усваивать только молоко, дать твердую пищу или мясо, то у них возникнут проблемы. К обучению каждого нужно подходить мудро, с учетом его меры веры.

Затем в этом отрывке говорится: «Призван ли кто обрезанным, не скрывайся».

Мужчинам в Израиле делали обрезание на 8-й день после рождения. Оно было символом завета, заключенного между Богом и Авраамом, суть которого заключается в том, что Бог сказал: «Я Бог, Который хранит вас и ведет к спасению, и вы – Мой народ».

В физических целях обрезание делается из соображений гигиены и чистоплотности. В духовном же плане оно символизирует заключенный с Богом завет. Во времена Ветхого Завета людям еще не был дан Дух Святой. И они могли прийти к Богу через обрезание. Во времена Нового Завета мы не можем получить спасение по своим делам, поэтому мы должны совершить обрезание сердца, чтобы с помощью Святого Духа избавить свое сердце от нечистоты.

Под словами «призван ли кто обрезанным» имеется в виду тот, кто представляет народ Божий, имеющий символ завета с Богом. Необрезанные – это язычники. Повелевая тем, кому было сделано обрезание, не становиться необрезанными, подразумевалось, что народ Божий должен жить в истине и не должен отдаляться от веры. Будучи чадами Божьими, мы не должны жить, как мирские люди, греша и идя на компромиссы с миром, будто необрезанные.

А под словами «призван ли кто необрезанным»

предполагается быть призванным как язычники. Таким образом, говоря человеку не делать обрезание, подразумевается, что он не должен вести христианскую жизнь, как Иудей, который исполнял Закон, чтобы получить спасение. Те, кто призваны как язычники, спасаются благодаря вере в Иисуса Христа, а не делами.

Различия между внешними поступками и соблюдением заповедей

«Обрезание ничто и необрезание ничто, но [все] – в соблюдении заповедей Божиих. Каждый оставайся в том звании, в котором призван» (7:19-20).

Мы приходим к Богу по Его призыву. Так что нам нет необходимости делать обрезание, как во времена Ветхого Завета. Обрезание не откроет нам путь к спасению и не позволит получить награды на Небесах.

Что же мы тогда должны делать? Приведенный выше отрывок говорит нам, что мы можем доказать свою любовь к Богу и встать на путь, ведущий к спасению, соблюдая Божьи заповеди.

Некоторые люди могут не понять, что это означает. Они скажут: «Мы живем во времена Нового Завета, и мы не спасаемся делами, совершаемыми по Закону. Мы спасаемся по вере». Они говорят так, потому что не понимают, что такое вера.

Итак, какая разница между «внешними делами» и «соблюдением заповедей». Под соблюдением Божьих заповедей подразумевается обрезание сердца. Что предполагает отбросить от себя все нечистое, причем не только в своих действиях, но и в сердце, а также жить непорочной жизнью, в соответствии со Словом Божьим.

Во времена Ветхого Завета, до тех пор пока люди внешне соблюдали Закон, они не считались грешниками. Например, даже когда у них, глядя на женщину, возникали мысли о прелюбодеянии, это не считалось грехом, если за этим не последовало никаких действий и ничего не произошло.

Однако уже в период Нового Завета иметь подобные мысли – грех. Мы должны освободить свое сердце от нечистоты. Мы можем утверждать, что по-настоящему соблюдаем заповеди только тогда, когда мы очистим от неправды не только свои дела, но и внутреннюю сущность.

Бесполезно делать что-то, не меняя сердца: мы не спасаемся своими делами. Даже если по воскресеньям мы ходим в церковь и платим десятины, мы не можем быть спасены, если не живем в истине и совершаем неправедные поступки. Если мы живем в беззаконии, не обрезая своего сердца, то Бог не сможет сказать, что в нас есть вера.

Вот почему апостол Павел не говорит нам быть «обрезанными» или «необрезанными», а велит нам лишь соблюдать заповеди Божьи. В Послании к Римлянам, 10:10, говорится: «*...потому что сердцем веруют к праведности, а устами исповедуют ко спасению*». То есть написано, что те, у кого вера в сердце, будут хранить Божьи заповеди, отбросят грехи от своего сердца и будут делать то, что Он велит. Так, естественным путем, они обрезают свое сердце и становятся праведными.

«Каждый оставайся в том звании, в котором призван»

В двадцатом стихе говорится: «Каждый оставайся в том звании, в котором призван». Это означает, что, однажды приняв Иисуса Христа, мы должны показать свои дела и любовь в истине (1-е посл. Иоанна, 3:18).

Некоторые люди говорят: «Я не могу ходить в церковь, потому что я употребляю алкогольные напитки». Другие заявляют, что не могут посещать церковь по воскресеньям, потому что они должны торговать в своем магазине, или называют другие причины. Но Бог говорит, что мы должны предстать пред Ним в любой ситуации, данной нам, и стараться быть верными в делах и истине.

«Рабом ли ты призван, не смущайся; но если и можешь сделаться свободным, то лучшим воспользуйся. Ибо раб, призванный в Господе, есть свободный Господа; равно и призванный свободным есть раб Христов» (7:21-22).

Большинство людей принадлежит к какой-либо организации или группе. Этот отрывок говорит нам не беспокоиться, если мы призваны в то время, когда мы связаны другими обязательствами. Даже если наше тело соединено с чем-то или с кем-то, то наше сердце все равно может искать Бога и следовать истине.

Конечно же было бы лучше иметь свободу вероисповедания и преданно работать для Царства Божьего, чем быть чем-то связанным. Однако обе ситуации приемлемы, но лучше все же иметь свободу.

В двадцать втором стихе говорится: «Ибо раб, призванный в Господе, есть свободный Господа».

Мы принадлежим Господу, если открываем свои сердца и принимаем Иисуса Христа. Упоминаемые в этом отрывке рабы могут быть разделены на две категории.

Первая категория – это рабы, соединенные с миром. Это относится не к тем, кто в этом мире является рабом, а имеет отношение к людям, которые в миру являются рабами работы, но свое сердце они отдали Господу. Если они будут исполнять заповеди Божьи с подобным сердцем, они получат свободу в Господе – так, как это и написано в Евангелии от Иоанна (8:32) : «...*и познаете истину, и истина сделает вас свободными*».

И еще есть рабы, соединенные с Господом. Они

являются рабами Бога и работают в церкви, служа Ему. Они также свободны в Господе.

Некоторые вновь уверовавшие, еще недостаточно хорошо знакомые с истиной или вынужденные принять на себя церковные обязанности, говорят, что они соединены с Господом, поэтому не свободны. Однако их связь с Богом или церковью на самом деле делает их свободными. Почему же это так?

Если они не будут призваны в качестве рабов Господа, то чьими рабами они тогда станут? Тогда они должны будут стать рабами этого мира или рабами врага, дьявола и сатаны. Но они получили освобождение от этих цепей и, обретя истинную свободу, идут по пути, ведущему к вечной жизни. Это и есть истинная свобода.

Если вы стали пастором или взяли на себя какие-либо церковные обязанности, то это означает, что вы работаете для Царства Божьего и правды Его, а также для своих братьев по вере. Это путь к обретению вечной жизни, благословений на земле и наград на Небесах.

Это путь, ведущий к духовному и физическому здоровью, к процветанию вашей души и благополучию ваших братьев по вере. Это путь к радости и достатку. Поэтому нам нужно делать все возможное, работая для Господа, чтобы обрести веру, мир и свободу.

Почему же Павел тогда сказал, что «призванный свободным» на самом деле «есть раб Христов»? Раб обязан безоговорочно подчиняться своему хозяину. Раб Божий служит Богу, как своему господину, поэтому он не должен иметь никаких собственных идей, он просто должен следовать Божьему замыслу, который является истиной.

Поэтому мы можем свободно идти по пути, ведущему к вечной жизни. Мы пред Богом – рабы, соединенные в истине. И лишь став рабами истины, мы по-настоящему можем быть свободными.

> «Вы куплены [дорогою] ценою; не делайтесь рабами человеков. В каком [звании кто] призван, братия, в том каждый [и] оставайся пред Богом» (7:23-24).

Чтобы мы имели истинную жизнь, Бог выкупил нас ценой драгоценной Крови Своего Единственного Сына. Следовательно, мы принадлежим не себе, а Богу. Если мы не получаем благословений, так только потому, что мы не отдаем свою жизнь Богу. Мы можем иметь истинное счастье и истинную свободу, а также можем ходить пред Богом в благодати, если отдаем Ему все, что мы имеем.

В 1-м послании к Коринфянам, 15:31, апостол Павел говорит: *«Я каждый день умираю»* – так же и мы должны каждый день умирать и подчинять себя истине. Тогда Бог сможет контролировать наши мысли и разум. Мы будем способны отчетливо слышать голос Святого Духа и получим Его водительство на пути к процветанию.

«Не делайтесь рабами человеков» не означает, что мы не должны быть привязаны к мирской работе. Это значит, что нам не следует подчиняться людским законам, которые враждебны истине. В Евангелии от Матфея, 10:28, Иисус говорил: *«И не бойтесь убивающих тело, души же не могущих убить; а бойтесь более того, кто может и душу и тело погубить в геенне».*

Наши тела не вечны, все должны умереть, но наш дух – вечен. Следовательно, мы должны бояться не людей, которые могут убить тело, а Бога, Который управляет нашей душой.

Во времена Даниила, царь, обманутый своими придворными, вступившими в заговор, распорядился на месяц запретить всем молиться каким бы то ни было богам или людям, кроме него самого. Но Даниил не исполнил указания, потому что оно не соответствовало истине.

Зная, что он будет брошен в ров со львами, он, тем не менее, нарушил закон страны в угоду Богу. Он не боялся людей, которые могли убить его тело, он боялся только Бога. Он следовал Закону Божьему, и в конечном итоге Бог все обратил ему во благо.

В четвертой главе Деяний святых Апостолов описан эпизод, когда священники, начальники стражи при храме и саддукеи угрожали апостолам, требуя от них не проповедовать об Иисусе. Однако Петр и Иоанн сказали им в ответ: *«Судите, справедливо ли пред Богом слушать вас более, нежели Бога? Мы не можем не говорить того, что видели и слышали»* (ст. 19-20).

Они имели в виду, что будут следовать Слову Божьему, а не словам людей, потому что Бог повелел им проповедовать Евангелие и не бояться никаких гонений. Нам не следует быть рабами людей, мы должны лишь повиноваться Слову Бога, Который выкупил нас дорогой ценой и ведет нас к жизни вечной.

В двадцать четвертом стихе говорится: «В каком [звании кто] призван, братия, в том каждый [и] оставайся пред Богом». Что это означает? Это значит, что мы можем оставаться в том же статусе, в каком мы были призваны. Нам не следует говорить: «Я хочу быть верным Богу, поэтому я оставлю свою работу и буду служить только Богу».

Мы должны все больше и больше подчинять свою жизнь Слову Божьему, источать благоухание Христа и прославлять Бога, спасая другие души, которые находятся в той же ситуации, в которой мы сами были когда-то.

Хорошо человеку оставаться так

«Относительно девства я не имею повеления Господня, а даю совет, как получивший от Господа милость быть [Ему] верным. По настоящей нужде за лучшее признаю, что хорошо человеку оставаться так» (7:25-26).

Павел сказал, что у него нет повелений «относительно девства». В Библии, будь то Ветхий или Новый Завет, нет распоряжений по поводу того, надо ли вступать в брак, будучи невинным. Наш Господь милостив, праведен и полон любви. Без всяких жалоб, сожалений или обид, даже в условиях жестокого преследования, апостол Павел оставался верным Господу вплоть до смерти.

Именно такой человек высказывает свое мнение. Так как особых указаний по поводу девственности от Бога не было, Павел говорит: «...даю совет». Но совет этот был вдохновлен Святым Духом. Вот почему он особо выделил, что дает совет «как получивший от Господа милость быть Ему верным».

В двадцать шестом стихе говорится: «По настоящей нужде за лучшее признаю, что хорошо человеку оставаться так». Верующие знают, что их имена записаны в Книге жизни на Небесах. Они также знают, что когда Господь придет вновь, то наступит время Великой скорби, Тысячелетнее Царство и Суд Великого Белого Престола. Сказав: «...по настоящей нужде», Павел не подразумевал скорое Второе Пришествие Господа на облаке.

Здесь речь идет о нуждах, которые есть у всех. Одни умирают в молодом возрасте. Другие, даже обладая хорошим здоровьем, живут только семьдесят или восемьдесят лет. Когда наступает физическая смерть, то нет другого выбора, кроме как предстать перед судом Божьим. Следовательно, нужды есть у всех: и у тех, кто жил две тысячи лет назад, и у тех, кто живет сегодня.

Павел сказал, что хорошо человеку оставаться так. И следующий стих разъясняет почему:

«Соединен ли ты с женой? не ищи развода. Остался ли без жены? не ищи жены. Впрочем, если и женишься, не согрешишь; и если девица выйдет замуж, не согрешит. Но таковые будут иметь скорби по плоти; а мне вас жаль» (7:27-28).

Быть соединенным с женой – значит быть женатым. В четвертом стихе этой главы говорилось, что «жена не властна над своим телом, но муж; равно и муж не властен над своим телом, но жена». Муж и жена соединены друг с другом, не имея власти над своим телом.

Остаться без жены – значит жить отдельно или в разводе, а те, кто в браке, не должны искать развода. Но если все-таки они разведутся или один из супругов умрет, то Павел призывает их «оставаться так».

Конечно, жениться, выйти замуж – не значит согрешить. Павел сказал так, потому что очень любил их. То есть потому, что мы неизбежно будем иметь скорби, если вступим в брак.

К примеру, если человек останется одиноким, он будет любить Бога и будет верен Ему настолько, насколько пожелает. Он сможет также позаботиться о других душах, проводить время во всенощных молитвах, потому что он ничем не связан.

Но у семейного человека другие нужды в жизни, и он не может свободно распоряжаться своей жизнью. Он должен усердно работать, чтобы позаботиться о своей семье. Ему хочется сделать что-либо для Бога, а он обязан проводить время с женой и детьми. Особенно это касается женщин: у них может не оказаться возможности посещать церковь по воскресеньям, если муж – человек неверующий.

«Я вам сказываю, братия: время уже коротко, так

что имеющие жен должны быть, как не имеющие; и плачущие, как не плачущие; и радующиеся, как не радующиеся; и покупающие, как не приобретающие; и пользующиеся миром сим, как не пользующиеся; ибо проходит образ мира сего» (7:29-31).

Этот отрывок отчетливо указывает, как должны жить верующие в то время, когда Второе Пришествие Господа уже близко.

В нем говорится, что «имеющие жен должны быть, как не имеющие». Это не означает, что мы должны разводиться! Однако, даже если человек и соединен с женой, не должно быть такого, чтобы он не исполнял своих обязанностей из-за забот о жене, которая ему дороже. Он должен отдать Богу то, что положено, хотя ему также следует быть верным и своей семье. Он обязан исполнять свой долг мужа, но ему не следует ставить жену превыше Бога.

Тут же есть и такие слова: «и плачущие, как не плачущие». Хотя в мире немало слез, скорби и боли, нам следует радоваться и благодарить с надеждой на Царство Небесное даже в испытаниях и искушениях. Мы должны жить в благодати Божьей и запасаться маслом, как мудрые девы.

А что означают слова «и радующиеся, как не радующиеся»?

Предположим, вы получили благословения, и вы

счастливы. Но если вы пойдете к человеку, который о чем-то горюет, и покажете ему, насколько вы счастливы, рассказав о полученных благословениях, то этому человеку может стать еще грустнее. Поэтому, оценивая ситуацию, нужно быть осмотрительными.

Далее говорится: «... и покупающие, как не приобретающие». Это означает, что тому, кто богат на этой земле, не следует пытаться выставлять напоказ свое богатство. Даже если мы очень обеспечены, все это станет ничем, когда Господь вновь вернется. Нам не следует хвалиться бренными вещами, которые со временем истлеют; надо довольствоваться тем, что мы имеем, и быть верными Богу.

Поскольку мы близки ко Второму Пришествию Господа, то те, кто пользуются земными вещами, должны вести себя так же, как те, кто ими не пользуются. Многие вещи в этом мире используются для идолопоклонства, экстравагантности, удовольствия, азарта – все это неправедно в очах Божьих.

Поэтому нам следует воздерживаться от подобных вещей. Мы не должны жить в роскоши, которая может смутить братьев по вере. Более того, если человек роскошествует в ситуации, когда это недопустимо, то люди могут почувствовать собственную никчемность.

Мы должны воздерживаться от всего этого, потому что все в этом мире бренно. На этой земле все лишено смысла, поскольку все тленно. Ни один физический предмет мы не возьмем с собой с земли, когда Господь призовет нас. Все превратится в ничто. Если богатство и щедроты, которыми мы наслаждаемся, заставляют кого-то чувствовать себя неловко, то лучше не иметь этого.

> «А я хочу, чтобы вы были без забот. Неженатый заботится о Господнем, как угодить Господу; а женатый заботится о мирском, как угодить жене. Есть разность между замужнею и девицею: незамужняя заботится о Господнем, как угодить Господу, чтобы быть святою и телом и духом; а замужняя заботится о мирском, как угодить мужу» (7:32-34).

В Евангелии от Луки, 16:13, Господь говорит: *«Не можете служить Богу и маммоне»*. И этим сказано, что мы не можем быть двоедушными. Неженатый человек должен искать только Бога. Он будет проводить свое свободное время, угождая Богу и работая для Божьего Царства и правды Его.

Когда же он женится, он должен будет заботиться о своей семье и других мирских вещах, поэтому быть верным ему станет труднее.

Вдовы и одинокие женщины тоже могут сосредоточить свою жизнь на том, чтобы угождать Богу. Они могут стремиться жить непорочной жизнью, стараясь украсить себя как невесту Господа.

Однако если они замужем, то их мысли раздваиваются. Им приходится думать о том, как угодить мужу, следить за собой, чтобы получить его любовь и внимание. Разумеется, это не означает, что все это плохо. Жена должна так поступать. Если получается, то для нее же лучше быть любимой мужем и иметь счастливую семью.

> «Говорю это для вашей же пользы, не с тем, чтобы наложить на вас узы, но чтобы вы благочинно и непрестанно [служили] Господу без развлечения» (7:35).

До этого Павел говорил об отрицательных сторонах супружества, а в этом стихе он сказал, что лучше посвятить себя Господу, будучи непорочным, не запятнав себя ничем, имея надежду и зная о наградах, уготованных для нас в Небесном Царстве.

Павел сказал это не для того, чтобы возложить на нас дополнительное бремя, а для нашей же выгоды. Он объясняет, что более предпочтительно и почему. Вступление в брак не является грехом, и если вы желаете создать семью, не связывайте себя с тем, к чему вы на самом деле не стремитесь.

Кроме того, в наше время посвятить себя служению, оставшись одинокими мужчиной или женщиной, – это неординарный поступок. Вы можете сделать это только при условии, что вы безмерно любите Бога, поэтому не следует давать бездумные обещания не вступать в брак.

Конечно, если вы по-настоящему познали любовь Бога всем своим сердцем и если вы благодарны за нее, Бог с радостью воспримет тот факт, что вы будете жить только для Него. Если же вы служите и Богу, и этому миру, вы будете перегружены, и вам придется отвлекаться. Вот почему Павел логически объяснил нам все, доводя до нас волю Божью.

Положение родителей дев, вдов и вдовцов

«Если же кто почитает неприличным для своей девицы то, чтобы она, будучи в зрелом возрасте, оставалась так, тот пусть делает, как хочет: не согрешит; пусть [таковые] выходят замуж. Но кто непоколебимо тверд в сердце своем и, не будучи стесняем нуждою, но будучи властен в своей воле, решился в сердце своем соблюдать свою деву, тот хорошо поступает. Посему выдающий замуж свою девицу поступает хорошо; а не выдающий поступает лучше» (7:36-38).

Павел обращается к отцам, чьи дочери уже созрели для замужества. Отец, имеющий достаточно высокую меру веры, не захочет, чтобы его дочь выходила замуж. Говоря: «Если же кто почитает неприличным для своей девицы...», Павел также называет обстоятельства, которые могут противостоять идее отца.

К примеру, мать дочери настаивает на том, чтобы дочь вышла замуж, либо этого хочет она сама. Отец же верит в то, что дочь не должна вступать в брак. Однако, если возникнет ситуация, при которой на отца начнутся гонения, придут испытания, тогда отцу лучше разрешить дочери вступить в брак, потому что замужество – это не грех.

Противоположный случай описан в тридцать седьмом стихе. Отец девы обладал крепкой верой и предлагал дочери идти по пути благословений. В этом случае не возникло никаких осложнений, преследований или испытаний. И тогда тот, кто «не будучи стесняем нуждою, но будучи властен в своей воле, решился в сердце своем соблюдать свою деву, тот хорошо поступает».

Сегодня родители могут не иметь подобной власти над детьми, но много лет назад люди вступали в брак, подчиняясь родительской воле. Однако в наше время мнение детей зачастую значит больше родительского мнения.

С позиций веры, лучше, чтобы дочь осталась девой, но вы не должны волноваться об этом. В очах Божьих лучше, чтобы женщина оставалась незамужней. Но вступить в брак – это не грех и не преступление.

«Жена связана законом, доколе жив муж ее; если же муж ее умрет, свободна выйти, за кого хочет, только в Господе. Но она блаженнее, если останется так, по моему совету; а думаю, и я имею Духа Божия» (7:39-40).

Замужняя женщина, как сказано в 1-м послании к Коринфянам, 7:4, связана со своим мужем. Но если муж умрет, то она свободна выйти замуж вновь. Однако это должно произойти только в Господе, что означает, что она должна искать себе мужа только среди верующих. Верующие должны находить себе супругов среди верующих. Об этом много сказано и в Ветхом Завете, и в Новом Завете.

Кто-то может сказать: «А не лучше ли верующему встретить неверующего и привести его к Богу?» Если такое произойдет, то это будет замечательно. Но в большинстве случаев этого не происходит.

Как-то одна прихожанка пришла посоветоваться со мной. До замужества она посещала церковь. В то время, когда ее будущий муж сделал ей предложение, он был неверующим. Она отказала ему, объяснив, что не может выйти замуж за неверующего. Тогда он тоже стал посещать церковь, и они, в конечном итоге, поженились.

Однако после женитьбы мужчина изменил свое решение и перестал ходить в церковь. Мало того что он сам не посещал церковь, он стал подвергать гонениям жену, запрещая ей ходить на богослужения. Это очень печальный случай.

Враг, дьявол и сатана, подстрекает некоторых людей

отнять у нас веру. Словно рыкающий лев, он ходит вокруг, ища, кого поглотить. Если мы не стоим на камне веры, мы можем быть обмануты и скомпрометированы сатаной и можем даже отдалиться от Бога.

В сороковом стихе объясняется, какой выбор предпочтительнее. У нас есть свобода выбора – вступать в брак или нет, но делать это лучше в Господе. И этот же стих говорит о том, что имеющим любовь и страсть к Богу лучше оставаться безбрачными.

И еще, сказав «по моему совету», Павел добавил, что «думаю, и я имею Духа Божия», чтобы люди не считали сказанное лишь личным мнением Павла.

У этого стиха есть два значения, которые следует учесть. Одно из них: «Я получил Святого Духа и говорю то, что услышал от Него». И другое: «Я посвящаю себя Богу, не вступая в брак. Я выбрал то, что соответствует воле Святого Духа».

Автор —
д-р Джей Рок Ли

Д-р Джей Рок Ли родился в 1943 году в городе Муан, в провинции Джэоннам Корейской Республики. Начиная с двадцати четырех лет, д-р Ли страдал от различных неизлечимых заболеваний и в течение семи лет ждал смерти, без какой-либо надежды на исцеление. Но однажды, весной 1974 года, сестра привела его в церковь, где он упал на колени и молился, и Живой Бог мгновенно исцелил его от всех болезней.

С того момента, как д-р Ли встретил Живого Бога, благодаря этому чудесному исцелению, он искренне возлюбил Бога всем сердцем и был призван в 1978 году на служение Богу. Он усердно молился, чтобы ясно уразуметь волю Божью, полностью исполнить ее и повиноваться всякому слову Божьему. В 1982 году он основал Центральную церковь «Манмин» в городе Сеуле (Южная Корея), и с того момента бесчисленные дела Божьи, включая чудесные исцеления и знамения Божьи, были явлены в этой церкви.

В 1986 году д-р Ли был рукоположен в пасторы на ежегодной Ассамблее Корейской церкви Христа в Сингкуоле, а спустя ещё четыре года, в 1990 году, его проповеди начали транслироваться по каналам Дальневосточной вещательной компании, Азиатской вещательной компании и Вашингтонской христианской радиостанции в Австралии, России, на Филиппинах и во многих других странах.

Через три года, в 1993 году, журнал *Christian World* (США) внес Центральную церковь «Манмин» в список пятидесяти лучших церквей мира; колледж Христианской веры в штате Флорида (США) присвоил д-ру Ли степень почетного доктора богословия; а в 1996 году Теологическая семинария Кингсвэй (штат Айова, США) присвоила ему степень доктора теологии.

С 1993 года д-р Ли, проведя евангелизационные служения в Танзании, Аргентине, Лос-Анжелесе, Балтиморе, на Гавайях, в Нью-Йорке (США), Уганде, Японии, Пакистане, Кении, на Филиппинах, в Гондурасе, Индии, России, Германии и Перу, Демократической Республике Конго, Израиле и Эстонии, стал одним из лидеров мировой миссионерской деятельности.

В 2002 году, за его усилия по проведению ряда впечатляющих объединенных христианских фестивалей, ведущие христианские газеты Кореи назвали его лидером религиозного возрождения мирового масштаба. В частности, на Нью-Йоркском христианском фестивале 2006 года, который проводился на всемирно известной арене Мэдисон Сквер Гарден и транслировался на 220 стран, а также на Межкультурном Израильском фестивале 2009 года, проведенном в Международном центре конвенций в Иерусалиме, он смело объявил, что Иисус Христос – Мессия и Спаситель. Его проповеди транслировались на 176 стран по спутниковым каналам, включая GCN TV. В 2009-м и 2010-м годах популярный русскоязычный христианский портал *In Victory* и новостное агентство *Christian Telegraph*, за его мощное телевещательное служение и пасторское служение за рубежом, назвали д-ра Ли в числе 10-ти самых влиятельных христианских лидеров.

По данным на апрель 2016 года, Центральная церковь «Манмин» объединяет более 120.000 членов. У церкви более 10.000 дочерних и ассоциативных церквей во всем мире, включая 56 филиала в самой Корее. Кроме того, более 102-ти миссионеров направлены в 23 страны, включая США, Россию, Германию, Канаду, Японию, Китай, Францию, Индию, Кению и многие другие страны.

На момент публикации этой книги д-р Ли написал 102-х книг, в том числе такие бестселлеры, как *Откровение о вечной жизни в преддверии смерти*, *Моя жизнь, моя вера* (I и II), *Слово о Кресте*, *Мера веры*, *Небеса* (I и II), *Ад* и *Сила Божья*. Его книги уже переведены на 76 языков мира.

Его статьи на тему христианской веры регулярно публикуются в следующих периодических изданиях: The Hankook Ilbo, The JoongAng Daily, The Chosun Ilbo, The Dong-A Ilbo, The Seoul Shinmun, The Kyunghyang Shinmun, The Korea Economic Daily, The Korea Herald, The Shisa News и The Christian Press.

В настоящее время д-р Ли возглавляет многие миссионерские организации и ассоциации. Он, в частности, является главой правления Объединенной церкви святости Иисуса Христа, президентом Международной миссионерской организации Манмин, основателем и председателем правлений «Глобальной христианской сети» (GCN), «Всемирной сети врачей-христиан» (WCDN) и Международной семинарии Манмин (MIS).

Другие, наиболее яркие книги, написанные этим автором

Небеса I & II

Подробный рассказ о великолепных условиях, в которых живут граждане Неба, и красочное описание разных уровней Небесных царств.

Слово о Кресте

Действенное пробуждающее послание ко всем, кто пребывает в духовном сне. Прочтя эту книгу, вы узнаете, почему Иисус является единственным Спасителем, и познаете истинную любовь Бога.

Ад

Серьезное послание к человечеству от Бога, Который не желает, чтобы даже одна душа оказалась в пучине ада! Вы откроете для себя доселе не известные подробности жестокой реальности Нижней могилы и ада.

Дух, душа и тело I & II

Через духовное понимание духа, души и тела, которые являются компонентами человека, читатели смогут исследовать свое «я» и получить представление о самой жизни.

Мера Веры

Какая обитель и какие венцы и награды приготовлены для вас на Небесах? Эта книга содержит в себе мудрость и наставления, необходимые для того, чтобы измерить свою веру и взрастить ее до меры полной зрелости.

Пробудись, Израиль!

Почему Бог заботится об Израиле от начала времен и до сего дня? Какое провидение последних дней Бог приготовил для Израиля, ожидающего Мессию?

Моя Жизнь, Моя Вера I & II

Жизнь, которая расцвела благодаря несравненной любви Бога посреди мрачных волн, тяжести бремени и глубокого отчаяния, и источает самый благоуханный духовный аромат.

Сила Божья

Книга, которую необходимо прочитать, дает важные наставления о том, как обрести истинную веру и испытать чудесную силу Божью.

www.urimbooks.com

www.ingramcontent.com/pod-product-compliance
Lightning Source LLC
LaVergne TN
LVHW011945060526
838201LV00061B/4217